REBECCA KNAUST

Küchenmaschine Kochbuch

Email: info@edition-lunerion.de
www.edition-lunerion.de

Psiana eCom UG
Berumer Str. 44
26844 Jemgum

Vorwort

Selbst kochen und dabei die Hauptarbeit jemandem anderen überlassen? Klingt nach einem Traum für jeden, der zwar wenig Zeit hat, aber trotzdem täglich leckeres, abwechslungsreiches und selbstgemachtes Essen auf dem Tisch haben möchte – und mit dem Team aus Küchenmaschine und diesem Kochbuch können Sie diesen Traum ganz einfach wahr werden lassen!

Kochen, Braten, Rühren, Schneiden, Mixen, Pürieren oder Fermentieren: Das und noch einiges mehr haben Küchenmaschinen drauf, darüber hinaus punkten sie meist mit Slow-Cooking-Funktion und dem unschlagbaren Vorteil eines Selbstreinigungsprogramms. Für Sie bedeutet das weniger Aufwand und dafür umso mehr Zeit für Genuss – und die volle Auswahl an passenden Schlemmereien finden Sie in dieser Rezeptsammlung. Von familientauglich über gesundheitsbewusst bis hin zu deftig, sättigend, raffiniert und süß entdecken Fleisch- und Fischfans, Veggies und Naschkatzen hier jede Menge Ideen für Vorspeisen, Hauptgerichte, Snacks, Desserts, Getränke und vieles mehr.

Guten Appetit!

INHALT

Der Küchen-Allrounder 1

Welche Küchenmaschine ist die beste? *2*

Die wichtigsten Funktionen im Überblick *3*

Frühstück 5

Frühstückshörnchen *6*

Frühstücksbrötchen *7*

Smoothie-Bowl *8*

Kaiserschmarrn mit Apfelmus *9*

Porridge *10*

Franzbrötchen *11*

Frühstücksschnitten *12*

Aprikosenmarmelade *13*

Eggs Benedict *14*

Brote 15

Dinkelbrot *16*

Olivenbaguette *17*

Vollkornbrot *18*

Kartoffelbrot *19*

Low Carb Mandelbrot *20*

Schnelles Ananas-Mango-Fladenbrot *21*

Zwiebel-Käse-Brot *22*

Salate 23

Brokkolisalat *24*

Couscoussalat *25*

Pastinakensalat *26*

Veganer Kartoffelsalat *27*

Nudelsalat mit Garnelen *28*

Chicken Caesar Salat *29*
Veganer Brotsalat *30*

Suppen 31
Erbsensuppe *32*
Zucchinisuppe *33*
Gelbe Linsensuppe *34*
Süßkartoffelsuppe mit Mandeln *35*
Brokkolicremesuppe *36*
Rote-Bete-Suppe *37*
Thai-Curry-Suppe *38*

Hauptgerichte mit Fleisch 39
Hähnchenbrust in Basilikumsoße *40*
Nudeln Carbonara *41*
Spaghetti Bolognese *42*
Riesenburger *43*
Kartoffelauflauf mit Hackfleisch *44*
Reis mit Pute *45*
Käse-Speck-Waffeln mit Joghurt-Schnittlauch-Dip *46*
Kasseler Gulasch *47*

Hauptgerichte mit Fisch 48
Lachs auf Gemüsebett *49*
Kabeljaupfanne *50*
Fischcurry *51*
Kabeljau mit Zitronen-Dill-Butter *52*
Fisch im Teigmantel *53*
Brasilianischer Fischeintopf *54*
Garnelen in Tomatensoße *55*

Vegetarische Hauptgerichte 56

Schneller Milchreis mit Beerensoße 57

Gemüsereis 58

Gefüllte Auberginen 59

Vegetarischer Döner 60

Orientalische Paprika 61

Nudeln in Tomaten-Sahne-Soße 62

Kürbis-Gnocchi 63

Vegane Hauptgerichte 64

Gemüse-Pfannkuchen mit Avocado-Dip 65

Mediterrane Pfanne 66

Djuvec-Reis 67

Kartoffelgulasch 68

Linsenbolognese 69

Sauerkraut mit Pilzen 70

Blumenkohl-Wings 71

Fingerfood/Snacks 72

Süßkartoffel-Nachos 73

Nussriegel 74

Pizzabälle 75

Gebrannte Mandeln 76

Schokobällchen 77

Kartoffelhäppchen 78

Gemüseschnecken 79

Desserts 80
Nougat *81*
Erdbeer-Dessert *82*
Veganes Bananen-Schoko-Eis *83*
Blaubeertraum *84*
Spaghettieis-Dessert *85*
Vanille-Mango-Dessert *86*
Lava-Cake *87*

Getränke mit Alkohol 88
Erdbeer-Wodka-Slush *89*
Blaues Paradies *90*
Espresso-Martini *91*
Mango-Cocktail *92*

Getränke ohne Alkohol 93
Heiße Schokolade *94*
Heidelbeer-Cocktail *95*
Apfelpunsch *96*

Soßen, Dips, Aufstriche & Dressings 97
Leberwurst *98*
Frische Remoulade *99*
Bärlauchpesto *100*
Erdnusssoße *101*
Vegane Käsesoße *102*
Avocado-Dressing *103*
Currysoße *104*
Frischkäse *105*

Der Küchen-Allrounder

Bevor wir uns den Rezepten widmen, möchten Sie bestimmt wissen, wozu so eine Küchenmaschine überhaupt fähig ist. Entweder haben Sie schon eine und möchten ihr volles Potenzial ausschöpfen oder Sie möchten sich eine Küchenmaschine anschaffen und wissen noch nicht, welche sich wohl am meisten lohnen würde. Zuerst sollte festgehalten werden, dass der Begriff „Küchenmaschine“ zweideutig ist. Es gibt nämlich zwei Arten von Küchenmaschinen, nämlich die, die nur verrühren, mixen und zerkleinern können, und die, die zusätzlich noch eine Kochfunktion haben. In diesem Buch stehen die Geräte mit Kochfunktion im Fokus.

Diese Küchenmaschinen können kochen, backen, dampfgaren, erhitzen, braten und noch vieles mehr. Es gibt sie in den unterschiedlichsten Preiskategorien, wobei die günstigsten Maschinen bereits für etwa 150 € erhältlich sind und die teuersten 1.500 € oder sogar noch mehr kosten. Jedoch sagt der Preis nicht unbedingt etwas über die Qualität aus. Es gibt auch günstige Küchenmaschinen, die sehr gut sind, genauso wie die teuren Geräte nicht unbedingt die besten sein müssen. Was alle Küchenmaschinen mit Kochfunktion gemeinsam haben, ist, dass sie eine ganz genaue Kontrolle über die Temperatur im Inneren sowie die verbleibende Zubereitungszeit bieten. Das ist dank der digitalen Anzeige möglich, die bei einigen Geräten sogar auch noch das Gewicht der Zutaten im Topf anzeigt. Einige Geräte können Ihr Essen sogar während des Kochvorgangs umrühren. Dafür wird jedoch häufig Zubehör benötigt, welches separat gekauft werden muss. Nur wenige Küchenmaschinen enthalten im Lieferumfang das volle Ausmaß an nutzbarem Zubehör. Einige Küchenmaschinen bringen sogar einige Rezepte mit, die direkt auf dem Gerät gespeichert sind. Diese werden Ihnen dann Schritt für Schritt auf dem Bildschirm angezeigt, sodass Sie selbst als unbegabter Koch nichts falsch machen können. Wenn Sie ein Rezept auf den Bildschirm übertragen, stellt die

Küchenmaschine die Temperatur und Zubereitungszeit sogar ganz automatisch ein. So kann wirklich nichts schiefgehen

WELCHE KÜCHENMASCHINE IST DIE BESTE?

Die Auswahl an Küchenmaschinen mit Kochfunktion ist riesig. In der folgenden Tabelle sehen Sie einige der bekanntesten Küchenmaschinen mit ihren Funktionen sowie Vor- und Nachteilen aufgelistet.

	Bosch Cookit	**Silvercrest Monsieur Cuisine**	**Kenwood Cooking Chef XL**
Preis	ab 1.299,00 €	ab 399,00 €	ab 1.089,00 €
Funktionen (ohne Zusatzzubehör)	Kochen, Braten, Anschwitzen, Rühren, Kneten, Mixen, Dampfgaren, Schneiden, Reiben, Mixen, Aufschlagen, Pürieren, Fermentieren, Reinigungsfunktion, Slow Cooking	Kochen, Braten, Anschwitzen, Rühren, Kneten, Mixen, Dampfgaren, Schneiden, Reiben, Mixen, Aufschlagen, Pürieren, Fermentieren, Reinigungsfunktion, Slow Cooking	Kochen, Braten, Anschwitzen, Rühren, Kneten, Mixen, Dampfgaren, Schneiden, Reiben, Mixen, Aufschlagen, Pürieren, Fermentieren, Reinigungsfunktion, Slow Cooking
Geschirrspüler geeignet?	ja	ja	ja
mitgeliefertes Zubehör	Küchenspatel, Universalmesser, Rührer, Rührbesen, Schneidwendescheibe, Raspelwendescheibe, Dampfgareinsätze, 1 Kochbuch	Mixbehälter, Kocheinsatz, Rühreinsatz, Dampfgaraufsatz, Messereinsatz, Spatel, Deckel mit Einfüllöffnung, Messbecher	Mixer, 5 unterschiedliche Rühreinsätze, Dampfgareinsatz, Spatel, Spritzschutz (zweimal)
Topfgröße	3 Liter	3 Liter	3 Liter
Rezepte abrufbar?	nein	ja (600 Rezepte kostenlos)	nein
maximale Temperatur	200 °C	130 °C	180 °C

DIE WICHTIGSTEN FUNKTIONEN IM ÜBERBLICK

Mit einer normalen Küchenmaschine können Sie Zutaten zerkleinern und miteinander verrühren, Teig kneten und vieles mehr. Verfügt die Maschine jedoch zusätzlich über eine Kochfunktion, sind auch standardmäßig folgende Funktionen möglich:

Kochen

Die Kochfunktion dient dazu, Wasser zu erhitzen, um darin beispielsweise Nudeln, Reis, Suppe oder Gemüse zu kochen. Die Durchschnittstemperatur liegt dabei bei ca. 100 °C.

Köcheln

Im Gegensatz zur Kochfunktion ist die Temperatur beim Köcheln deutlich geringer. So können Sie beispielsweise Soßen zubereiten oder einen Eintopf schonend garen lassen.

Backen

Egal, ob Brote, Brötchen, Aufläufe oder Ähnliches, mit der Küchenmaschine mit Kochfunktion können Sie auch backen. Allzu hohe Temperaturen sind hier jedoch nicht zu erreichen. Maximal sind 100 °C möglich.

Schnellgaren

Beim Schnellgaren wird im Topf ein Druck aufgebaut, der dafür sorgt, dass Gemüse, Fisch oder Fleisch schnell zubereitet werden.

Schongaren/Slow Cooking

Während es beim Schnellgaren um eine möglichst kurze Zubereitungszeit geht, steht beim Slow Cooking die schonende Zubereitung im Vordergrund. Die Garzeit liegt dabei meist bei mehreren Stunden.

Dünsten

Mit dem Dünstprogramm können Sie Babynahrung oder kalorienarme Gerichte schonend zubereiten. Dafür werden die Zutaten entweder in Wasser oder in anderen Flüssigkeiten gegart. Die Vitamine und Nährstoffe bleiben dabei erhalten.

Braten

Bei Temperaturen zwischen 130 und 160 °C können Sie beispielsweise Schnitzel oder Gemüse in Ihrer Küchenmaschine anbraten. Dafür brauchen Sie keine Bratpfanne oder andere Hilfsmittel.

Frittieren

Auch auf die Anschaffung einer Fritteuse können Sie verzichten, wenn Sie eine Küchenmaschine mit Kochfunktion besitzen. Füllen Sie den Topf einfach mit Öl, lassen Sie es heiß werden und frittieren Sie Ihre Pommes, Chicken Nuggets oder Donuts.

Frühstück

FRÜHSTÜCKSHÖRNCHEN

8 Port. 30 Min. Leicht

Zutaten

500 g Dinkelmehl
250 ml Milch
100 ml Rapsöl
20 g Hefe
1 Ei
2 EL Zucker

Nährwerte p. P.

1413 kcal
188 g Kohlenhydrate
56 g Fett
33 g Eiweiß

1 Die Milch, die Hefe und den Zucker in der Küchenmaschine auf Stufe 3 ca. drei Minuten kneten.

2 Das Mehl, das Öl und das Ei dazugeben, auf Stufe 4 stellen und weitere drei Minuten kneten.

3 Eine Arbeitsfläche mit Mehl bestreuen und den Teig darauf noch einmal per Hand durchkneten.

4 Den Teig in zwei gleich große Teile teilen, ausrollen und jeweils acht Dreiecke ausschneiden.

5 Die Teigstückchen aufrollen. Dabei an der breiten Seite anfangen.

6 Die Hörnchen auf ein Backblech legen und leicht beigen.

7 Den Ofen auf 160 °C Umluft vorheizen.

8 Die Hörnchen 15 - 20 Minuten backen.

FRÜHSTÜCKSBRÖTCHEN

8 Stk.

1 Std., 15 Min.

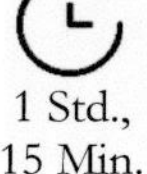
Leicht

Zutaten

25 g frische Hefe
350 ml Wasser
1 TL Zucker
350 g Weizenmehl
75 g Vollkornmehl
150 g Dinkelmehl
1 TL Salz

Nährwerte p. P.

393 kcal
76 g Kohlenhydrate
2 g Fett
13 g Eiweiß

1 Die Hefe mit dem Wasser und dem Zucker in den Mixtopf der Küchenmaschine geben und auf niedrigster Stufe verrühren.

2 Die restlichen Zutaten dazugeben und ca. fünf Minuten lang kneten.

3 Den Teig mindestens 30 Minuten lang gehen lassen.

4 Den Teig in acht gleich große Teile aufteilen und aufrollen.

5 Die rohen Brötchen in die Küchenmaschine geben und ca. 40 Minuten mit der höchstmöglichen Temperatur backen. Zwischendurch regelmäßig prüfen, ob die Brötchen nicht zu hart werden. Notfalls einige Tropfen Wasser auf die Brötchen geben.

SMOOTHIE-BOWL

2 Port. 15 Min. Leicht

Zutaten

1 Kiwi
200 g Ananas
½ Orange
½ Banane
125 g Naturjoghurt
½ EL Honig
75 ml Milch
30 g Haferflocken
10 g Pinienkerne

Nährwerte p. P.

306 kcal
50 g Kohlenhydrate
6 g Fett
10 g Eiweiß

1 Die Kiwi schälen und in den Mixtopf geben.

2 Die Orange, die Ananas und die Banane schälen und klein schneiden.

3 Alle Zutaten bis auf die Pinienkerne und die Haferflocken zusammen in den Mixtopf geben.

4 Die Zutaten auf höchster Stufe ca. zwei Minuten lang pürieren.

5 Den Smoothie auf zwei Schüsseln aufteilen.

6 Die Pinienkerne und die Haferflocken auf dem Smoothie verteilen.

KAISERSCHMARRN MIT APFELMUS

4 Port.

60 Min.

Leicht

Zutaten

180 g Weizenmehl
80 g Zucker
350 ml Milch
6 Eier
1 Prise Salz
50 g Mandelsplitter
1 kg Äpfel
100 ml Apfelsaft
20 ml Zitronensaft
3 EL Rohrzucker
1 EL Vanillezucker

Nährwerte p. P.

529 kcal
62 g Kohlenhydrate
19 g Fett
27 g Eiweiß

1 Für das Apfelmus die Äpfel vierteln, entkernen und in den Mixtopf geben. Den Apfel- und Zitronensaft sowie den Rohrzucker und den Vanillezucker dazugeben und bei 100 °C ca. 15 Minuten kochen. Danach pürieren und beiseitestellen.

2 Die Eier trennen und zusammen mit dem Salz ca. drei Minuten lang auf Stufe 4 in der Küchenmaschine aufschlagen. In eine Schüssel umfüllen und zur Seite stellen.

3 Die Milch mit dem Eigelb, dem Zucker und dem Mehl im Mixtopf auf höchster Stufe verrühren, bis eine gleichmäßige Masse ohne Klumpen entstanden ist.

4 Den Eischnee unter die Teigmasse heben.

5 Etwas Öl oder Margarine in einer Pfanne schmelzen und den Teig darin anbraten, bis er von beiden Seiten braun ist. Zwischendurch wenden.

6 Den Teig in kleine Stückchen teilen.

7 Mit Apfelmus und Mandelsplittern garnieren.

PORRIDGE

2 Port. 15 Min. Leicht

Zutaten

100 g Haferflocken
450 ml Mandelmilch
1 TL Zimt
2 EL Honig

Nährwerte p. P.

250 kcal
39 g Kohlenhydrate
6 g Fett
7,8 g Eiweiß

1 Die Haferflocken mit der Milch und dem Honig in die Küchenmaschine geben.

2 Bei 95 °C für ca. zehn Minuten köcheln lassen.

3 Den Porridge auf zwei Schüsseln aufteilen.

4 Den Honig auf den Porridge geben.

Tipp: Porridge schmeckt am besten mit frischen Früchten.

FRANZBRÖTCHEN

8 Stk.

90 Min.

Mittel

Zutaten

500 g Mehl
250 g Milch
200 g Zucker
1 Würfel Hefe
180 g Butter
1 Prise Salz
2 TL Zimt

Nährwerte p. P.

545 kcal
81 g Kohlenhydrate
21 g Fett
10 g Eiweiß

1 Die Milch mit der Hefe und 80 g Zucker auf Stufe 2 ca. drei Minuten lang erwärmen.

2 60 g Butter, das Salz und das Mehl dazugeben und ca. zwei Minuten lang im Teigmodus durchkneten. Den Teig abdecken und ca. 30 Minuten lang ruhen lassen.

3 Nach der Gehzeit den Teig noch einmal per Hand durchkneten und rechteckig ausrollen.

4 Die restliche Butter in Streifen schneiden und auf der Hälfte des Teigs auslegen. Die andere Hälfte des Teigs darüberlegen.

5 Den Teig erneut rechteckig ausrollen, ein Drittel über die Mitte klappen und das andere Drittel darüber.

6 Den Teig in den Kühlschrank geben und 30 Minuten lang ruhen lassen.

7 Den Teig noch einmal ausrollen und mit Zimt und Zucker bestreuen. Den Teig aufrollen.

8 Die Teigrolle in acht gleich große Stücke schneiden und diese mit einem Kochlöffel oder Ähnlichem in der Mitte plattdrücken.

9 Bei 200 °C Ober-/Unterhitze ca. 25 Minuten lang im Backofen backen.

FRÜHSTÜCKSSCHNITTEN

6 Port. 30 Min. Leicht

Zutaten

250 g Haferflocken
125 g brauner Zucker
125 g Butter
2 EL Zuckerrübensirup

Nährwerte p. P.

1206 kcal
145 g Kohlenhydrate
60 g Fett
17 g Eiweiß

1 Den Backofen auf 200 °C Ober-/Unterhitze vorheizen.

2 Alle Zutaten zusammen in den Mixtopf geben und auf niedrigster Stufe miteinander verrühren.

3 Die Masse auf einem Backblech verteilen und in den Backofen geben.

4 Im Ofen ca. 15 Minuten lang backen, danach abkühlen lassen.

5 Die Masse nach dem Abkühlen in Streifen schneiden.

APRIKOSENMARMELADE

4 Port.

50 Min.

Leicht

Zutaten

1 kg Aprikosen
500 g Zucker

Nährwerte p. P.

1242 kcal
300 g Kohlenhydrate
1 g Fett
5 g Eiweiß

1 Die Aprikosen waschen, halbieren und entkernen.

2 Die Aprikosen zusammen mit dem Zucker in den Mixtopf geben und auf Stufe 5 ca. 25 Sekunden lang zerkleinern.

3 Die Küchenmaschine auf 100 °C erhitzen und die Zutaten unter ständigem Rühren ca. 45 Minuten köcheln.

EGGS BENEDICT

4 Port.

30 Min.

Leicht

Zutaten

2 Eigelb
4 Scheiben Kochschinken
2 Weizentoasties
4 Eier
1,5 l Wasser
1 EL Weißweinessig
50 g Butter
30 g Sahne
1 TL Crème fraîche
Salz
Pfeffer

Nährwerte p. P.

915 kcal
38 g Kohlenhydrate
52 g Fett
71 g Eiweiß

1 Das Eigelb mit der Butter, der Sahne, der Crème fraîche sowie etwas Pfeffer und Salz auf Stufe 4 miteinander verrühren. Danach auf 80 °C aufkochen und unter ständigem Rühren ca. acht Minuten köcheln lassen.

2 Das Wasser mit dem Essig zum Kochen bringen und die Eier darin etwa drei Minuten pochieren.

3 Die Toasties toasten, halbieren und die Hälften mit je einer Hälfte Kochschinken belegen.

4 Je ein Ei auf den Schinken geben, die Soße auf den Toasties verteilen und falls nötig noch einmal mit Pfeffer und Salz nachwürzen.

Brote

DINKELBROT

1 Brot

1 Std., 15 Min.

Leicht

Zutaten

300 g Dinkelmehl
1 Pck. Hefe
1 Prise Salz
1 Prise Zucker
2 EL Olivenöl
Wasser

Nährwerte p. P.

1520 kcal
245 g Kohlenhydrate
41 g Fett
35,8 g Eiweiß

1 Eine Kastenform mit Öl oder Butter einfetten.

2 Die Hefe mit dem Zucker in einem Glas Wasser auflösen.

3 Alle Zutaten zusammen in die Küchenmaschine geben und auf mittlerer Stufe verrühren. Falls der Teig zu dickflüssig und mehlig ist, noch etwas Wasser hinzugeben.

4 Den Teig in die Kastenform geben und ca. 30 Minuten gehen lassen. Währenddessen den Backofen auf 180 °C Umluft vorheizen.

5 Das Brot in den Ofen geben und ca. 30 Minuten lang backen.

6 Das fertige Brot abkühlen lassen und aus der Form holen.

OLIVENBAGUETTE

4 Port.

55 Min.

Mittel

Zutaten

600 g Dinkelmehl
1 TL Salz
1 Würfel Hefe
1 TL Zucker
330 ml Wasser
100 g entsteinte Oliven

Nährwerte p. P.

218 kcal
45 g Kohlenhydrate
1 g Fett
6 g Eiweiß

1 Das Mehl mit dem Salz, der Hefe und dem Zucker im Mixtopf auf höchster Stufe kurz miteinander vermischen.

2 Das Wasser dazugeben und zwei Minuten lang kneten.

3 Die Oliven halbieren und unterrühren.

4 Den fertigen Teig zu vier Baguettes formen und auf ein Backpapier legen. 20 Minuten gehen lassen. Währenddessen den Backofen auf 230 °C Ober-/Unterhitze vorheizen.

5 Die Baguettes ca. 15 Minuten lang im Ofen backen.

Tipp: Anstelle von Oliven können auch getrocknete Tomaten oder Kräuter verwendet werden.

VOLLKORNBROT

1 Brot 1 Std. Leicht

Zutaten

500 g Vollkornmehl
500 g Wasser
2 TL Salz
1 Würfel Hefe
20 g Essig
150 g Körnermischung

Nährwerte p. P.

211 kcal
34 g Kohlenhydrate
4 g Fett
9 g Eiweiß

1 Alle Zutaten zusammen in den Mixtopf geben und ca. drei Minuten lang verkneten.

2 Eine Kastenform mit Butter oder Öl einfetten und den Teig hineingeben.

3 Die Form in den Backofen geben und bei 180 °C Umluft ca. 60 Minuten lang backen.

4 Das Brot abkühlen lassen und danach aus der Form holen.

KARTOFFELBROT

1 Brot

1 Std., 40 Min.

Leicht

Zutaten

200 g Kartoffeln
300 g Mehl Typ 405
100 g Haferflocken (zart)
1 Würfel Hefe
1 TL Salz
750 ml Wasser

Nährwerte p. P.

788 kcal
153 g Kohlenhydrate
5 g Fett
26 g Eiweiß

1 Die Kartoffeln schälen, mit 500 ml Wasser in den Mixtopf geben und ca. 30 Minuten lang auf Stufe 4 garen lassen.

2 Die gekochten und abgekühlten Kartoffeln zerkleinern.

3 Die restlichen Zutaten dazugeben und 2 - 3 Minuten lang kneten.

4 Eine Kastenform mit Backpapier auslegen und den Teig darin verteilen.

5 Das Brot bei 220 °C Ober-/Unterhitze ca. 45 Minuten lang backen.

LOW CARB MANDELBROT

1 Brot 1 Std. Leicht

Zutaten

200 g Mandelmehl
250 g Magerquark
3 Eier
1 TL Salz
40 g Sonnenblumenkerne

Nährwerte p. P.

103 kcal
3 g Kohlenhydrate
4 g Fett
12 g Eiweiß

1 Den Backofen auf eine Temperatur von 160 °C Umluft vorheizen.

2 Die Eier mit dem Quark in den Topf der Küchenmaschine geben und auf mittlerer Stufe ca. 10 - 15 Sekunden miteinander verrühren.

3 Das Mandelmehl und das Salz dazugeben und noch einmal verrühren, bis ein glatter Teig entstanden ist.

4 Die Sonnenblumenkerne unterheben.

5 Den Teig in eine Kastenform füllen und für ca. 50 Minuten in den Backofen geben.

SCHNELLES ANANAS-MANGO-FLADENBROT

6 Brote

20 Min.

Leicht

Zutaten

300 g Weizenmehl
250 g Naturjoghurt
1 TL Backpulver
3 EL Mango-Chutney
½ Ananas
1 Prise Salz

Nährwerte p. P.

124 kcal
24 g Kohlenhydrate
1 g Fett
6 g Eiweiß

1 Das Mehl mit dem Salz und dem Backpulver in den Mixtopf geben und kurz auf höchster Stufe miteinander vermischen.

2 Den Joghurt unterheben und die Zutaten zu einem Teig verrühren.

3 Die Ananas klein schneiden.

4 Den Teig in sechs gleich große Stücke teilen und zu kleinen Broten formen.

5 Die Bratfunktion der Küchenmaschine auf mittlerer Stufe aktivieren und die Brote darin nacheinander ca. zwei Minuten anbraten. Danach wenden und die andere Seite erneut zwei Minuten anbraten.

6 Die Fladenbrote mit Mango-Chutney bestreichen und mit Ananas belegen.

ZWIEBEL-KÄSE-BROT

1 Brot

1 Std., 20 Min.

Leicht

Zutaten

500 g Weizenmehl
250 ml Buttermilch
1 EL Magerquark
½ Würfel Hefe
1 TL Salz
200 g geriebener Gouda
5 EL Röstzwiebeln

Nährwerte p. P.

1356 kcal
195 g Kohlenhydrate
34 g Fett
63 g Eiweiß

1 Das Mehl zusammen mit dem Quark, dem Salz und den Röstzwiebeln in den Mixtopf geben und auf mittlerer Stufe kurz verrühren.

2 Die Buttermilch erwärmen, die Hefe darin auflösen und die Mischung mit in den Mixtopf geben. Auf höchster Stufe drei Minuten kneten.

3 Den Teig aus dem Mixtopf nehmen und zu einem Laib formen. Mit einem Messer ein Kreuz einritzen und leicht mit Wasser anfeuchten.

4 Den Teig mit dem Käse bestreuen.

5 Das Brot im vorgeheizten Backofen bei 200 °C Ober-/Unterhitze für ca. 70 Minuten backen.

Salate

BROKKOLISALAT

4 Port. 15 Min. Leicht

Zutaten

500 g Brokkoli
1 Apfel
1 rote Paprika
20 g Sonnenblumen-kerne
20 g Walnusskerne
10 ml Kräuteressig
2 EL Olivenöl
1 TL Salz
1 TL Senf

Nährwerte p. P.

219 kcal
19 g Kohlenhydrate
15 g Fett
6 g Eiweiß

1 Den Brokkoli, den Apfel und die Paprika waschen. Beim Apfel und der Paprika die Kerne entfernen und vierteln. Den Brokkoli in Röschen teilen. In den Mixtopf geben.

2 Die restlichen Zutaten dazugeben und in der Küchenmaschine auf höchster Stufe zerkleinern, bis die gewünschte Konsistenz erreicht ist.

3 Abschmecken und falls nötig noch einmal nachwürzen.

COUSCOUSSALAT

4 Port.

15 Min.

Leicht

Zutaten

500 g Couscous
700 ml Wasser
2 TL Gemüsebrühe
3 Frühlingszwiebeln
1 gelbe Paprika
1 rote Paprika
2 Tomaten
2 Stangen Staudensellerie
2 TL Zitronensaft
100 ml Olivenöl
Pfeffer
Salz

Nährwerte p. P.

237 kcal
24 g Kohlenhydrate
14 g Fett
4 g Eiweiß

1 Das Wasser zusammen mit der Gemüsebrühe in die Küchenmaschine geben und bei 100 °C erhitzen. Das Gerät ausschalten, den Couscous in den Topf geben und ca. acht Minuten ziehen lassen. In eine Schüssel füllen und beiseitestellen.

2 Die Frühlingszwiebeln mit der gelben und roten Paprika und den Tomaten in den Topf geben und auf höchster Stufe fünf Sekunden lang zerkleinern.

3 Die restlichen Zutaten und den Couscous mit in den Mixtopf geben und auf kleinster Stufe unterheben.

4 Mit Pfeffer und Salz abschmecken.

Tipp: Mit frischen Kräutern kann der Geschmack abgerundet werden.

PASTINAKENSALAT

4 Port. 5 Min. Leicht

Zutaten

300 g Pastinaken
300 g Karotten
2 Äpfel
200 g Schmand
20 g heller Balsamico-Essig
1 TL Kräutersalz
1 Prise Pfeffer

Nährwerte p. P.

244 kcal
16 g Kohlenhydrate
16 g Fett
4 g Eiweiß

1 Die Äpfel vierteln und entkernen. Die Pastinaken und die Karotten halbieren.

2 Alle Zutaten in den Mixtopf geben und auf höchster Stufe 5 - 7 Sekunden zerkleinern.

3 Abschmecken und falls nötig nachwürzen.

Tipp: Für eine fettreduzierte Variante ersetzen Sie den Schmand einfach durch saure Sahne.

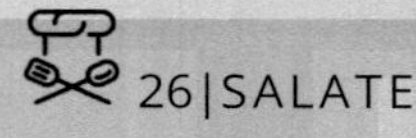

VEGANER KARTOFFELSALAT

4 Port.

1 Std., 30 Min.

Mittel

Zutaten

950 ml Wasser
800 g Kartoffeln
200 g Äpfel
200 g Staudensellerie
1 Zwiebel
1 TL Gemüsebrühe
5 EL Apfelessig
2 TL Senf
2 TL Salz
4 Prisen Pfeffer
4 Frühlingszwiebeln
EL Rapsöl

Nährwerte p. P.

293 kcal
36 g Kohlenhydrate
12 g Fett
4 g Eiweiß

1 Die Zwiebel halbieren, die Äpfel vierteln und entkernen und den Staudensellerie in Stücke schneiden.

2 700 ml Wasser in den Mixtopf geben und die Kartoffeln darin ca. 35 Minuten auf mittlerer Stufe garen.

3 Wenn die Kartoffeln fertig sind, kurz unter kaltem Wasser abschrecken und dann pellen.

4 Die Zwiebeln in den Mixtopf geben und auf höchster Stufe ca. drei Sekunden zerkleinern.

5 Das restliche Wasser und die Gemüsebrühe dazugeben und drei Minuten auf Stufe 2 erwärmen.

6 Den Essig, den Senf, das Salz und den Pfeffer hinzugeben und 20 Sekunden lang auf höchster Stufe pürieren.

7 Die Kartoffeln in dünne Scheiben schneiden und unter das Dressing heben.

8 Den Salat 30 Minuten lang ziehen lassen.

9 Den Staudensellerie, die Frühlingszwiebeln und die Äpfel in den Topf geben und auf mittlerer Stufe ca. vier Sekunden zerkleinern. Unter die anderen Zutaten mischen.

NUDELSALAT MIT GARNELEN

4 Port. 40 Min. Mittel

Zutaten

400 g Farfalle
500 g Garnelen, geschält
300 g Erbsen
200 g Cherrytomaten
50 g Rucola
6 Prisen Salz
9 EL Olivenöl
1 EL Zitronensaft
2 EL Weißweinessig
1 Prise Zucker
5 Prisen Pfeffer
1 Knoblauchzehe

Nährwerte p. P.

761 kcal
83 g Kohlenhydrate
26 g Fett
41 g Eiweiß

1 Den Kochtopf der Küchenmaschine mit Wasser füllen und zum Kochen bringen. Auf mittlerer Stufe die Nudeln darin ca. acht Minuten lang garen.

2 Die fertigen Nudeln in eine Schüssel geben, mit drei Esslöffeln Öl vermischen und abkühlen lassen.

3 In der Zwischenzeit die Tomaten halbieren und mit drei Esslöffeln Öl, dem Zitronensaft, dem Essig, dem Zucker sowie vier Prisen Salz und einer Prise Pfeffer in den Mixtopf geben und auf Stufe 2 miteinander verrühren. In eine Schüssel geben und beiseitestellen.

4 Den Knoblauch in den Mixtopf geben und auf Stufe 5 ca. vier Sekunden lang zerkleinern.

5 Das restliche Öl dazugeben und auf niedrigster Stufe andünsten.

6 Die Garnelen zusammen mit zwei Prisen Salz dazugeben und bei 100 °C ca. sieben Minuten lang garen. Falls möglich, die Küchenmaschine währenddessen durchgängig rühren lassen, falls nicht, den Garvorgang immer wieder unterbrechen und per Hand durchrühren.

7 Die Erbsen und den restlichen Pfeffer hinzugeben und für weitere drei Minuten bei derselben Temperatur andünsten.

8 Alle Zutaten in einer großen Schüssel miteinander verrühren.

CHICKEN CAESAR SALAT

6 Port.

2 Std.

Mittel

Zutaten

500 g Hähnchenbrustfilet
400 g Tomaten (halbiert)
300 ml Öl
100 ml Sahne
100 g Rucola
100 g Parmesan
60 ml Zitronensaft
3 Römersalatherzen (zerpflückt)
3 Eier
1 Brötchen
2 Knoblauchzehen
2 TL Worcestershiresoße
2 TL Senf
14 Prisen Pfeffer
2 TL Salz

Nährwerte p. P.

745 kcal
9 g Kohlenhydrate
62 g Fett
31 g Eiweiß

1 Das Hähnchenbrustfilet in Würfel schneiden und 60 Minuten lang ins Gefrierfach legen.

2 60 g Parmesan in den Mixtopf geben und auf höchster Stufe ca. zehn Sekunden lang zerkleinern. In eine Schüssel füllen und beiseitestellen.

3 Das Brötchen in den Mixtopf geben und auf Stufe 6 ca. fünf Sekunden zerkleinern. Die Sahne dazugeben und zehn Minuten ziehen lassen.

4 Das Hähnchenfleisch in den Topf geben und auf Stufe 6 ca. sechs Sekunden zerkleinern.

5 Den restlichen Parmesan, das zerkleinerte Brötchen mit der Sahne, einen Teelöffel Salz, acht Prisen Pfeffer und ein Ei dazugeben und 15 Sekunden im Knetmodus vermischen. Zwei Eier trennen, das Eiweiß in den Mixtopf geben und weitere 15 Sekunden durchkneten.

6 Die Masse zu Bällchen formen, mit 50 g Öl beträufeln und im vorgeheizten Backofen bei 220 °C Ober-/Unterhitze ca. 20 Minuten backen.

7 Den Knoblauch schälen, in den Mixtopf geben und auf Stufe 5 ca. fünf Sekunden lang zerkleinern.

8 Den Zitronensaft, den Senf, die Worcestershiresoße, zwei Eigelbe sowie das restliche Salz und den restlichen Pfeffer hinzugeben und auf Stufe 5 ca. zwei Minuten miteinander verrühren. Dabei nach und nach das restliche Öl dazugeben.

9 Alle Zutaten in einer großen Schüssel miteinander verrühren.

VEGANER BROTSALAT

4 Port. 35 Min. Mittel

Zutaten

200 g Fladenbrot
500 g Strauchtomaten
6 EL Olivenöl
10 Stiele frische Minze
10 Stiele frische Petersilie
1 rote Zwiebel
1 Salatgurke
1 TL Salz
3 EL Essig
2 Prisen Chiliflocken

Nährwerte p. P.

305 kcal
31 g Kohlenhydrate
16 g Fett
6 g Eiweiß

1 Die Zwiebel vierteln und die Gurke entkernen.

2 Das Fladenbrot mit zwei Esslöffel Öl beträufeln und im vorgeheizten Backofen bei 180 °C ca. zehn Minuten lang rösten.

3 Die Minze und die Petersilie in den Mixtopf geben und auf Stufe 8 ca. zwei Sekunden lang zerkleinern. In eine Schüssel geben und beiseitestellen.

4 Die Zwiebel und die Gurke im Mixtopf auf mittlerer Stufe ca. vier Sekunden lang zerkleinern. In eine Schüssel geben und beiseitestellen.

5 150 g Tomaten mit Salz, Essig, Zucker, Chiliflocken und vier Esslöffel Öl im Mixtopf auf mittlerer Stufe ca. fünf Sekunden lang zerkleinern.

6 Das Fladenbrot in kleine Stückchen schneiden oder reißen, in eine große Schüssel geben und mit dem Tomatenpüree verrühren.

7 Die restlichen Zutaten dazugeben und gut durchmischen.

Tipp: Je länger der Salat ziehen kann, desto besser schmeckt er.

Suppen

ERBSENSUPPE

 4 Port.

 1 Std., 10 Min.

Leicht

Zutaten

500 g Erbsen
400 g Kartoffeln
150 g Bauchspeck
1 Bund Suppengemüse
2 Zwiebeln
2 EL Öl
1,5 l Gemüsebrühe
1 Prise Salz
1 Prise Pfeffer
20 g frische Petersilie
4 Wiener Würstchen

Nährwerte p. P.

958 kcal
86 g Kohlenhydrate
45 g Fett
38 g Eiweiß

1 Das Suppengemüse sowie die Kartoffeln und die Zwiebeln schälen und in Würfel schneiden. Den Bauchspeck in mundgerechte Stücke schneiden.

2 Das Öl in die Küchenmaschine geben und erwärmen. Dann auf mittlerer Stufe die Zwiebeln und den Speck ca. vier Minuten darin anbraten.

3 Das Gemüse hinzugeben und weitere zwei Minuten braten. Danach mit der Gemüsebrühe ablöschen.

4 Die Erbsen, die Kartoffeln und das Salz dazugeben und ca. 60 Minuten auf Stufe 2 köcheln lassen.

5 In der Zwischenzeit die Petersilie waschen und hacken und die Würstchen in Scheiben schneiden.

6 Die Würstchen für die letzten fünf Minuten mit in den Topf geben. Mit Pfeffer und Salz abschmecken.

7 Die Petersilie über die fertige Suppe streuen und servieren.

Tipp: Für eine vegane Erbsensuppe einfach die Würstchen und den Speck weglassen.

ZUCCHINISUPPE

4 Port. | 1 Std. 20 Min. | Leicht

Zutaten

2 Zucchini
400 g Kartoffeln
1,5 l Gemüsebrühe
1 Zwiebel
3 Knoblauchzehen
1 EL Olivenöl
1 EL Basilikum gehackt
Salz
Pfeffer

Nährwerte p. P.

299 kcal
47 g Kohlenhydrate
7 g Fett
9 g Eiweiß

1 Die Kartoffeln ca. 25 Minuten in ausreichend Wasser kochen.

2 Währenddessen die Zwiebel und den Knoblauch schälen, vierteln und auf höchster Stufe in der Küchenmaschine fein hacken.

3 Das Öl in die Küchenmaschine geben und erwärmen, dann auf mittlerer Stufe die Zwiebel und den Knoblauch ca. fünf Minuten lang anschwitzen.

4 Die Kartoffeln in Scheiben schneiden und mit in die Küchenmaschine geben. Auf mittlerer Stufe ca. zwei Minuten lang unter ständigem Rühren anbraten.

5 Die Zutaten in der Küchenmaschine mit der Gemüsebrühe ablöschen und ca. 15 Minuten auf Stufe 6 köcheln lassen.

6 Die Zucchini klein raspeln und ebenfalls in den Topf geben. Weitere 15 Minuten köcheln lassen.

7 Die Suppe pürieren und mit Basilikum, Pfeffer und Salz abschmecken.

GELBE LINSENSUPPE

2 Port. 30 Min. Leicht

Zutaten

300 g gelbe Linsen
500 ml Gemüsebrühe
4 Kartoffeln
1 Karotte
1 Zwiebel
4 Knoblauchzehen
1 Prise Salz
1 Prise Currypulver
1 Prise Kreuzkümmel
1 Prise Kurkuma
Öl

Nährwerte p. P.

600 kcal
84 g Kohlenhydrate
2,6 g Fett
47 g Eiweiß

1 Die Kartoffeln, die Karotte sowie die Zwiebel und den Knoblauch schälen und in Würfel schneiden.

2 In der Küchenmaschine Öl erhitzen und auf mittlerer Stufe die Zwiebel und den Knoblauch darin ca. drei Minuten lang anbraten.

3 Sobald die Zwiebel glasig ist, die Linsen, die Kartoffeln und die Karotte dazugeben. Ca. fünf Minuten lang anbraten, dann mit der Gemüsebrühe ablöschen.

4 Auf Stufe 7 alle Zutaten ca. 15 Minuten köcheln. Danach zur Probe in die Kartoffeln einstechen und, falls sie noch hart sind, einige Minuten länger im Topf lassen.

5 Alle Zutaten im Topf pürieren und mit Salz, Curry, Kreuzkümmel und Kurkuma abschmecken.

SÜẞKARTOFFELSUPPE MIT MANDELN

4 Port. 30 Min. Leicht

Zutaten

500 g Süßkartoffeln
200 g Karotten
900 ml Wasser
2 Schalotten
2 Knoblauchzehen
30 ml Kürbiskernöl
80 g Mandelblättchen
2 TL Gemüsebrühe
1 Prise Salz
3 Prisen Pfeffer
1 TL Currypulver

Nährwerte p. P.

361 kcal
44 g Kohlenhydrate
19 g Fett
8 g Eiweiß

1 Die Mandelblättchen auf niedrigster Stufe kurz anbraten. In eine Schüssel füllen und beiseitestellen.

2 Die Schalotten und den Knoblauch schälen und in der Küchenmaschine auf Stufe 5 ca. fünf Sekunden lang zerkleinern.

3 Die Süßkartoffeln und die Karotten ebenfalls schälen, halbieren, zu den Schalotten und dem Knoblauch geben und auf Stufe 6 ca. 15 Sekunden zerkleinern.

4 Das Öl dazugeben und auf niedrigster Stufe ca. vier Minuten andünsten.

5 Das Wasser und die Gemüsebrühe in den Topf geben und auf Stufe 2 ca. 25 Minuten köcheln lassen.

6 Die Suppe würzen und pürieren.

7 Die Mandelblättchen auf die Suppe geben und servieren.

BROKKOLICREMESUPPE

4 Port. 15 Min. Leicht

Zutaten

500 g Brokkoli
600 ml Wasser
1 Zwiebel
2 Knoblauchzehen
100 g Sahne
1 EL Rapsöl
2 TL Gemüsebrühe
2 EL Frischkäse
Salz
Pfeffer

Nährwerte p. P.

105 kcal
5 g Kohlenhydrate
6 g Fett
7 g Eiweiß

1 Die Zwiebel und den Knoblauch schälen und in den Mixtopf geben. Auf mittlerer Stufe ca. fünf Sekunden lang zerkleinern.

2 Öl dazugeben und auf Stufe 2 andünsten.

3 Den Brokkoli in Röschen teilen, mit in die Küchenmaschine geben und auf Stufe 4 ca. vier Sekunden lang zerkleinern.

4 Das Wasser und die Gemüsebrühe dazugeben und auf Stufe 2 ca. zwölf Minuten lang köcheln lassen.

5 Die Sahne und den Frischkäse unterrühren und mit Pfeffer und Salz abschmecken.

6 Alle Zutaten pürieren.

ROTE-BETE-SUPPE

4 Port.

25 Min.

Leicht

Zutaten

450 g Rote Bete
800 ml Gemüsebrühe
150 g Kartoffeln
1 Zwiebel
2 EL Rapsöl
Salz
Pfeffer

Nährwerte p. P.

149 kcal
20 g Kohlenhydrate
5 g Fett
4 g Eiweiß

1 Die Zwiebel schälen, halbieren und in der Küchenmaschine auf mittlerer Stufe ca. fünf Sekunden lang zerkleinern. Das Öl dazugeben und auf niedrigster Stufe ca. zwei Minuten lang andünsten.

2 Die Rote Bete und die Kartoffeln schälen, zerkleinern, dazugeben und auf Stufe 6 ca. fünf Sekunden lang zerkleinern. Danach weitere zwei Minuten lang auf niedrigster Stufe andünsten.

3 Die Zutaten im Topf mit der Gemüsebrühe ablöschen und auf Stufe 2 ca. 20 Minuten lang köcheln lassen.

4 Alle Zutaten pürieren und die Suppe mit Pfeffer und Salz abschmecken.

THAI-CURRY-SUPPE

4 Port. 25 Min. Leicht

Zutaten

800 ml Kokosmilch
400 ml Wasser
200 g Cherrytomaten
150 g Glasnudeln
150 g Zuckerschoten
30 g grüne Currypaste
10 g Ingwer
1 Schalotte
1 Knoblauchzehe
1 TL Gemüsebrühe

Nährwerte p. P.

206 kcal
43 g Kohlenhydrate
3 g Fett
3 g Eiweiß

1 Den Ingwer, die Schalotte und den Knoblauch schälen und in der Küchenmaschine auf Stufe 8 ca. drei Sekunden lang zerkleinern.

2 Öl zugeben und auf Stufe 1 ca. zwei Minuten lang andünsten. Dann die Currypaste hinzugeben und weitere zwei Minuten andünsten.

3 Mit Kokosmilch und Wasser ablöschen und die Gemüsebrühe unterrühren. Auf niedrigster Stufe ca. zehn Minuten lang garen.

4 Die Zuckerschoten in den Topf geben und weitere fünf Minuten garen, dabei entweder die Küchenmaschine rühren lassen oder selbst umrühren.

5 Die Cherrytomaten halbieren und mit den Nudeln mit in den Topf geben. Weitere fünf Minuten köcheln lassen.

Hauptgerichte mit Fleisch

HÄHNCHENBRUST IN BASILIKUMSOßE

4 Port. 30 Min. Mittel

Zutaten

500 g Hähnchenbrustfilet
300 ml Gemüsebrühe
100 ml Milch
250 g Brokkoli
1 Zucchini
2 Paprika
3 EL Weizenmehl
3 EL Butter
2 EL Olivenöl
Salz
Pfeffer
Paprikagewürz
Basilikum

Nährwerte p. P.

882 kcal
33 g Kohlenhydrate
40 g Fett
88 g Eiweiß

1 Die Zucchini und den Brokkoli waschen. Danach die Zucchini in Scheiben schneiden und den Brokkoli in Röschen teilen. Die Paprika ebenfalls waschen, entkernen und in Streifen schneiden.

2 Das Hähnchenfleisch abspülen und abtupfen. In der Küchenmaschine das Öl erwärmen und auf mittlerer Stufe das Fleisch von beiden Seiten anbraten, bis es bräunlich wird.

3 Das Fleisch mit Salz, Pfeffer und Paprikagewürz würzen und beiseitestellen.

4 Das Gemüse ebenfalls auf mittlerer Stufe ca. fünf Minuten lang anbraten und beiseitestellen.

5 Die Butter in der Küchenmaschine schmelzen. Das Mehl unterrühren und auf mittlerer Stufe ca. zwei Minuten anschwitzen.

6 Mit der Gemüsebrühe und der Milch ablöschen und fünf Minuten lang köcheln lassen. Dann mit Pfeffer und Salz würzen und nach Geschmack Basilikum hinzugeben.

7 Das Fleisch in Streifen schneiden und unter die Soße rühren.

NUDELN CARBONARA

4 Port.

25 Min.

Mittel

Zutaten

400 g Nudeln
600 g Gemüsefond
200 g Sahne
150 g Kochschinken
100 g Milch
80 g Bergkäse
50 ml Weißwein
20 ml Rapsöl
1 Zwiebel
1 Knoblauchzehe
½ Bund Schnittlauch
1 TL Salz
½ TL Pfeffer
Zitronensaft

Nährwerte p. P.

726 kcal
88 g Kohlenhydrate
28 g Fett
28 g Eiweiß

1 Den Käse in Stücke schneiden und im Mixtopf auf Stufe 8 ca. fünf Sekunden lang zerkleinern. In eine Schüssel füllen und beiseitestellen.

2 Den Schnittlauch waschen und auf Stufe 5 ca. vier Sekunden zerkleinern und beiseitestellen.

3 Die Zwiebel und den Knoblauch schälen, die Zwiebel halbieren und beides zusammen in den Mixtopf geben. Auf Stufe 5 ca. drei Sekunden lang zerkleinern.

4 Den Kochschinken in Streifen schneiden, zusammen mit dem Öl zu der Zwiebel und dem Knoblauch geben und auf niedrigster Stufe ca. drei Minuten lang andünsten.

5 Mit dem Gemüsefond ablöschen. Dann die Sahne, die Milch und den Weißwein hinzugeben und mit Salz und Pfeffer abschmecken. Einen Spritzer Zitronensaft dazugeben.

6 Die Zutaten in der Küchenmaschine auf höchster Stufe zum Kochen bringen. Dabei entweder die Maschine rühren lassen oder selbst immer wieder umrühren.

7 Die Nudeln unterrühren und auf mittlerer Stufe ca. acht Minuten lang köcheln lassen.

8 Den Käse unterrühren und schmelzen lassen. Zum Schluss das Gericht mit Schnittlauch bestreuen.

SPAGHETTI BOLOGNESE

4 Port. 25 Min. Leicht

Zutaten

500 g Spaghetti
500 g Hackfleisch
50 g geriebener Käse
30 g Tomatenmark
800 g gehackte Tomaten
2 Knoblauchzehen
2 Karotten
1 Zwiebel
2 EL Öl
2 EL Gemüsebrühe
1 TL Salz
1 TL Oregano

Nährwerte p. P.

1682 kcal
197 g Kohlenhydrate
60 g Fett
82 g Eiweiß

1 Die Spaghetti in ausreichend kochendem Wasser ca. acht Minuten lang kochen.

2 Die Zwiebel, den Knoblauch und die Karotten schälen, die Zwiebel halbieren und alles zusammen auf Stufe 5 ca. acht Sekunden lang zerkleinern.

3 Das Öl dazugeben und auf niedrigster Stufe ca. zwei Minuten lang andünsten.

4 Das Fleisch dazugeben und bei mittlerer Temperatur ca. fünf Minuten anbraten, bis das Fleisch gar ist. Dabei entweder die Maschine rühren lassen oder immer wieder selbst umrühren.

5 Die gehackten Tomaten, das Tomatenmark, die Gemüsebrühe, das Salz und den Oregano dazugeben und verrühren. Auf mittlerer Stufe ca. zwölf Minuten lang köcheln lassen.

6 Die fertige Soße auf die Spaghetti geben oder getrennt servieren.

RIESENBURGER

12 Port.

1 Std., 15 Min.

Mittel

Zutaten

500 g Hackfleisch
500 g Weizenmehl
200 ml Wasser
70 g Gewürzgurken
50 g Ketchup
20 g Senf
7 Scheiben Schmelzkäse
1 Ei
1 Zwiebel
1 Knoblauchzehe
20 g Hefe
50 ml Öl
Salz
Pfeffer

Nährwerte p. P.

1712 kcal
186 g Kohlenhydrate
70 g Fett
78 g Eiweiß

1 100 ml Wasser mit der Hefe verrühren, dann zusammen mit dem restlichen Wasser in den Mixtopf geben.

2 Das Mehl nach und nach unterrühren. 30 ml Öl, das Ei und eine Prise Salz dazugeben.

3 Den Teig zwei Minuten lang durchkneten. In eine Schüssel geben, abdecken und beiseitestellen.

4 Die Gewürzgurken in Scheiben schneiden, die Zwiebel und den Knoblauch schälen. Die Zwiebel halbieren.

5 Die Zwiebel und den Knoblauch in der Küchenmaschine auf Stufe 2 ca. fünf Sekunden lang zerkleinern. Öl hinzugeben und auf Stufe 3 ca. zwei Minuten anschwitzen.

6 Das Hackfleisch dazugeben und mit Pfeffer und Salz würzen. Auf mittlerer Stufe ca. fünf Minuten lang anbraten.

7 ⅔ des Teigs ausrollen, in eine Springform geben und die Hackfleischmasse darauf verteilen. Mit Ketchup, Senf, Gurken und Käse belegen.

8 Den restlichen Teig nun ebenfalls ausrollen und auf die Beschichtung geben.

9 Den Riesenburger im vorgeheizten Backofen bei 200 °C Umluft ca. 35 Minuten backen.

KARTOFFELAUFLAUF MIT HACKFLEISCH

6 Port.

1 Std., 25 Min.

Leicht

Zutaten

1 kg Kartoffeln
500 g Hackfleisch
300 ml Milch
200 g geriebener Käse
200 g Schlagsahne
200 g Pesto Calabrese
2 Zwiebeln
2 Knoblauchzehen
25 ml Öl
20 g Mehl
1 TL Gemüsebrühe
Pfeffer
Salz

Nährwerte p. P.

2406 kcal
117 g Kohlenhydrate
167 g Fett
102 g Eiweiß

1 Die Kartoffeln schälen und in dünne Scheiben schneiden.

2 Die Zwiebeln und den Knoblauch schälen, die Zwiebeln halbieren und beides zusammen auf Stufe 5 ca. fünf Sekunden lang zerkleinern.

3 Das Öl und das Hackfleisch dazugeben und auf mittlerer Stufe ca. fünf Minuten lang anbraten.

4 Das Mehl dazugeben und ca. zwei Minuten braten.

5 Mit der Milch ablöschen und die Schlagsahne unterrühren.

6 Die Gemüsebrühe und das Pesto dazugeben und ca. sieben Minuten kochen.

7 Alle Zutaten im Mixtopf pürieren und mit Pfeffer und Salz abschmecken.

8 Die Zutaten in einer Auflaufform schichten und mit Käse bestreuen.

9 Im vorgeheizten Backofen bei 200 °C Ober-/Unterhitze ca. 70 Minuten überbacken.

REIS MIT PUTE

2 Port.

25 Min.

Leicht

Zutaten

100 g Reis
100 g Brokkoli
150 g Putenfleisch
250 ml Gemüsebrühe
25 g Cashewkerne
1 Schalotte
1 Knoblauchzehe
Öl
Sojasoße
Salz
Pfeffer

Nährwerte p. P.

250 kcal
21 g Kohlenhydrate
7 g Fett
24 g Eiweiß

1 Den Brokkoli in Röschen teilen. Die Schalotte und den Knoblauch schälen und alles zusammen mit dem Reis und etwas Öl in die Küchenmaschine geben.

2 Auf mittlerer Stufe ca. drei Minuten lang anschwitzen. Mit der Gemüsebrühe ablöschen. Ca. 20 Minuten köcheln, bis der Reis gar ist.

3 Das Putenfleisch klein schneiden und mit in die Küchenmaschine geben. Die Maschine ausschalten und das Fleisch in der Resthitze garen. Mit Sojasoße, Pfeffer und Salz abschmecken und die Cashewkerne unterheben.

KÄSE-SPECK-WAFFELN MIT JOGHURT-SCHNITTLAUCH-DIP

6 Stk. | 55 Min. | Mittel

Zutaten

100 g Gouda, gerieben
100 g Buchweizenmehl
100 g Weizenmehl
125 g Butter
100 ml Milch
200 g Joghurt
80 g Räucherspeck
50 g Speisestärke
3 Eier
8 EL Schnittlauch gehackt
2 TL Backpulver
Salz
Pfeffer
Paprikagewürz

Nährwerte p. P.

507 kcal
36 g Kohlenhydrate
33 g Fett
14 g Eiweiß

1 Den Speck anbraten, bis er kross ist.

2 Das Buchweizenmehl mit dem Weizenmehl, der Speisestärke und dem Backpulver im Mixtopf auf Stufe 3 ca. 15 Minuten miteinander verrühren.

3 Die Butter dazugeben und mit Pfeffer, Salz und Paprikagewürz würzen. Auf Stufe 3 weitere zwei Minuten lang verrühren.

4 Den Rührmodus laufen lassen und nach und nach die Eier dazugeben.

5 Die Mehlmischung, die Milch, den Speck und den Käse unterrühren.

6 Die Waffeln im Waffeleisen ausbacken.

7 Den Joghurt mit dem Schnittlauch, Pfeffer und Salz in den Mixtopf geben und auf Stufe 4 ca. 20 Sekunden verrühren. Als Dip zu den Waffeln servieren.

KASSELER GULASCH

4 Port.

40 Min.

Leicht

Zutaten

500 g Kasseler Nacken
300 ml Gemüsefond
250 g Weißkohl
150 g Zwiebel
20 ml Öl
10 g Tomatenmark
10 g Butter
2 Knoblauchzehen
½ Bund Petersilie
3 Prisen Pfeffer
1 TL Salz

Nährwerte p. P.

351 kcal
9 g Kohlenhydrate
23 g Fett
25 g Eiweiß

1 Die Petersilie waschen, die Blätter abzupfen und in der Küchenmaschine auf Stufe 6 ca. fünf Sekunden lang zerkleinern. In eine Schüssel geben und beiseitestellen.

2 Den Weißkohl auf Stufe 5 ca. drei Sekunden lang zerkleinern. In eine Schüssel geben und beiseitestellen.

3 Die Zwiebel und den Knoblauch schälen und zusammen auf Stufe 5 ca. fünf Sekunden lang zerkleinern.

4 Das Öl, die Butter und den Weißkohl dazugeben und etwa fünf Minuten lang andünsten.

5 Das Kasseler und das Tomatenmark dazugeben und weitere fünf Minuten andünsten.

6 Die restlichen Zutaten dazugeben und bei 100 °C unter ständigem Rühren etwa 15 Minuten lang kochen.

7 Das Gulasch mit Salz und Pfeffer abschmecken und mit Petersilie bestreuen.

Hauptgerichte mit Fisch

LACHS AUF GEMÜSEBETT

4 Port.

15 Min.

Mittel

Zutaten

600 g Lachs
200 g Spinat
100 ml Gemüsebrühe
1 Zitrone
6 Karotten
2 Zucchini
1 Knoblauchzehe
10 g Ingwer
1 Bund Frühlingszwiebeln
4 EL Öl
Salz
Pfeffer

Nährwerte p. P.

516 kcal
27 g Kohlenhydrate
30 g Fett
37 g Eiweiß

1 Die Zitrone waschen, die Schale abreiben und den Saft auspressen.

2 Den Knoblauch und den Ingwer schälen und in der Küchenmaschine auf Stufe 5 ca. drei Sekunden lang zerkleinern.

3 Den Zitronensaft mit dem Ingwer und dem Knoblauch verrühren und mit der Mischung den Lachs bepinseln.

4 Die Frühlingszwiebeln waschen und in Ringe zerkleinern. Die Karotten und die Zucchini ebenfalls waschen und in Scheiben schneiden. Den Spinat waschen.

5 Das Öl in der Küchenmaschine erhitzen und den Lachs darin von beiden Seiten auf mittlerer Temperaturstufe ca. vier Minuten lang anbraten. Mit Pfeffer und Salz würzen, aus dem Topf nehmen und beiseitestellen.

6 Das Gemüse ebenfalls auf mittlerer Stufe für ca. drei Minuten anbraten. Dabei ständig rühren.

7 Das Gemüse mit der Brühe ablöschen und mit Pfeffer und Salz abschmecken. Den Spinat und den Lachs dazugeben und alles bei niedriger Temperatur ca. vier Minuten garen.

KABELJAUPFANNE

4 Port. 30 Min. Leicht

Zutaten

500 g Kabeljau
500 g Cherrytomaten
50 g schwarze Oliven
1 Zwiebel
½ Zitrone
1 TL Honig
1 EL Olivenöl
2 Schluck Weißwein
Salz
Pfeffer

Nährwerte p. P.

402 kcal
16 g Kohlenhydrate
12 g Fett
54 g Eiweiß

1 Die Zwiebel schälen, halbieren und in der Küchenmaschine auf Stufe 6 ca. fünf Sekunden lang zerkleinern. Das Öl dazugeben und auf mittlerer Temperaturstufe andünsten.

2 Die Tomaten waschen und halbieren. Die Oliven entkernen.

3 Die Tomaten und die Oliven zu der Zwiebel geben und ca. fünf Minuten lang andünsten.

4 Mit Weißwein ablöschen. Mit Honig, Pfeffer und Salz abschmecken.

5 Den Fisch mit in die Küchenmaschine geben und mit dem Saft der halben Zitrone beträufeln. Bei schwacher Hitze alles zusammen ca. acht Minuten garen lassen.

FISCHCURRY

4 Port.

1 Std.

Mittel

Zutaten

600 g Kabeljau (tiefgefroren)
500 g Mango
300 g Paprika
100 g Erbsen
1 Gemüsezwiebel
600 ml Gemüsebrühe
400 ml Kokosmilch
20 g Speisestärke
1 TL Chili
1 TL Pfeffer
2 TL Salz
2 EL Sojasoße
1 EL Öl
5 g Ingwer
2 Knoblauchzehen

Nährwerte p. P.

471 kcal
40 g Kohlenhydrate
21 g Fett
31 g Eiweiß

1 Die Zwiebel, den Ingwer und den Knoblauch schälen und in den Mixtopf geben. Auf höchster Stufe ca. zwei Sekunden lang zerkleinern.

2 Das Öl dazugeben und ca. fünf Minuten bei mittlerer Hitze andünsten.

3 Mit der Gemüsebrühe, der Kokosmilch und der Sojasoße ablöschen.

4 Den Kabeljau mit Pfeffer und Salz würzen und ca. zehn Minuten lang dampfgaren.

5 Die Mango schälen und das Fruchtfleisch in Würfel schneiden. Die Paprika waschen, entkernen und in schmale Streifen schneiden.

6 Die Paprika, die Erbsen, die Mango sowie die Gewürze dazugeben. Bei 110 °C ca. zehn Minuten lang kochen, dabei rühren.

7 Die Speisestärke mit 50 ml Wasser verrühren und dazugeben.

8 Den Kabeljau in mundgerechte Stücke schneiden und unter die Zutaten aus dem Mixtopf rühren.

KABELJAU MIT ZITRONEN-DILL-BUTTER

4 Port.

40 Min.

Leicht

Zutaten

600 g Kabeljau
80 g Butter
1 Zitrone
20 g Dill
2 Zucchini
1 Prise Salz
1 Prise Pfeffer

Nährwerte p. P.

488 kcal
48 g Kohlenhydrate
17 g Fett
33 g Eiweiß

1 Die Zucchini schälen, in Scheiben schneiden und zusammen mit dem Fisch ca. 15 Minuten dampfgaren.

2 Den Dill waschen und die Spitzen abzupfen. Die Zitrone waschen und die Schale abreiben. Den Abrieb und den Dill in die Küchenmaschine geben und auf der höchsten Stufe ca. sechs Sekunden zerkleinern.

3 Die Butter, zwei Esslöffel Zitronensaft, Salz und Pfeffer dazugeben und bei 80 °C ca. zwei Minuten erhitzen. Dabei rühren.

4 Den Fisch und die Zucchini anrichten und die Butter darübergeben.

Tipp: Als Beilage zu diesem Gericht sind Kartoffeln zu empfehlen.

FISCH IM TEIGMANTEL

4 Port.

35 Min.

Mittel

Zutaten

1 Pck. Blätterteig
500 g Seelachsfilet
300 g Buttergemüse
1 Mozzarella
1 Ei
1 EL Sahne
1 Spritzer Zitronensaft
1 TL Senf
1 EL Öl
Muskatnuss
Pfeffer
Salz

Nährwerte p. P.

1081 kcal
60 g Kohlenhydrate
67 g Fett
59 g Eiweiß

1 Etwas Öl bei 100 °C in der Küchenmaschine erhitzen und das Fischfilet von beiden Seiten ca. fünf Minuten lang anbraten, bis es durch ist. Mit Zitronensaft beträufeln und beiseitestellen.

2 Das Gemüse garen, bis es durch, aber noch leicht bissfest ist. Die Sahne und den Senf dazugeben und mit Pfeffer, Salz und Muskatnuss abschmecken.

3 Den Blätterteig auf einem Backblech ausbreiten und den Fisch, das Gemüse und die Soße mittig darauf geben.

4 Den Mozzarella in Scheiben schneiden und ebenfalls auf den Blätterteig legen. Den überstehenden Teig über die Zutaten klappen.

5 Das Ei verquirlen und auf den Blätterteig streichen.

6 Alles zusammen in die Küchenmaschine geben (falls nötig vorher in mehrere Teile teilen) und bei 150 °C ca. 25 Minuten lang backen. Alternativ den Fisch für ca. 25 Minuten bei 180 °C Umluft in den vorgeheizten Backofen geben.

BRASILIANISCHER FISCHEINTOPF

4 Port. 20 Min. Leicht

Zutaten

500 g Seelachsfilet
100 ml Kokosmilch
2 Tomaten
1 Zwiebel
1 Paprika
1 EL Olivenöl
1 Spritzer Zitronensaft
Knoblauchpulver
Salz
Pfeffer

Nährwerte p. P.

449 kcal
12 g Kohlenhydrate
26 g Fett
38 g Eiweiß

1 Das Fischfilet in mundgerechte Stücke schneiden und mit Pfeffer und Salz einreiben.

2 Den Zitronensaft mit etwas Knoblauchpulver verrühren und den Fisch damit bestreichen.

3 Die Zwiebel schälen, die Paprika entkernen und die Tomaten waschen. Alles in Würfel schneiden.

4 Das Olivenöl in die Küchenmaschine geben und erhitzen. Dann die Zwiebel, die Tomaten und die Paprika darin ca. fünf Minuten lang anbraten.

5 Mit der Kokosmilch ablöschen und das Seelachsfilet mit in die Küchenmaschine geben. Alles zusammen nun zehn Minuten köcheln lassen.

6 Den Eintopf mit Pfeffer, Salz und Knoblauchpulver abschmecken.

GARNELEN IN TOMATENSOẞE

4 Port.

25 Min.

Mittel

Zutaten

400 g Garnelen, geschält
400 g passierte Tomaten
200 ml Weißwein
200 g Cherrytomaten
20 ml Olivenöl
4 Knoblauchzehen
4 Frühlingszwiebeln
Salz
Pfeffer
Paprikapulver

Nährwerte p. P.

375 kcal
23 g Kohlenhydrate
15 g Fett
23 g Eiweiß

1 Den Knoblauch und die Frühlingszwiebeln schälen und in den Mixtopf geben und auf Stufe 5 ca. drei Sekunden lang zerkleinern.

2 Das Öl dazugeben und bei 120 °C ca. drei Minuten lang andünsten.

3 Die passierten Tomaten und den Weißwein dazugeben und bei 100 °C ca. zehn Minuten kochen. Mit Salz und Pfeffer würzen.

4 Die Garnelen und die Tomaten mit in den Topf geben und weitere vier Minuten garen. Dabei ständig rühren.

5 Mit Pfeffer, Salz und Paprikapulver abschmecken.

Tipp: Als Beilage für dieses Gericht empfiehlt sich Ciabatta-Brot.

Vegetarische Hauptgerichte

SCHNELLER MILCHREIS MIT BEERENSOẞE

4 Port.

1 Std.

Leicht

Zutaten

1 l Milch
250 g Milchreis
150 g Sahne
80 g Zucker
50 g Butter
2 TL Vanillezucker
½ TL Salz
250 g gefrorene Himbeeren
80 g Zucker
20 g Gelierzucker
1 Zitrone

Nährwerte p. P.

644 kcal
87 g Kohlenhydrate
27 g Fett
13 g Eiweiß

1 Die Milch, den Reis, die Sahne, den Zucker sowie den Vanillezucker und das Salz in den Topf geben und bei 95 °C ca. 45 Minuten kochen. Dabei entweder die Maschine durchgängig rühren lassen oder selbst immer wieder umrühren.

2 Den Reis in eine große Schüssel umfüllen und zehn Minuten stehen lassen.

3 Die Himbeeren in der Küchenmaschine bei 100 °C zum Kochen bringen.

4 Die Zitrone waschen und die Schale abreiben. Den Abrieb zusammen mit dem Zucker und dem Gelierzucker zu den Himbeeren geben und pürieren.

5 Die Soße auf den Milchreis geben.

GEMÜSEREIS

4 Port.

25 Min.

Leicht

Zutaten

400 g Reis
800 ml Wasser
3 EL Gemüsebrühe
2 Möhren
1 Paprika
1 Zucchini
2 Zwiebeln
2 Knoblauchzehen
30 ml Öl
Salz
Pfeffer

Nährwerte p. P.

569 kcal
25 g Kohlenhydrate
3 g Fett
2 g Eiweiß

1 Die Zwiebeln und den Knoblauch schälen, die Zwiebeln halbieren und alles zusammen in den Mixtopf geben. Auf Stufe 5 ca. vier Sekunden lang zerkleinern.

2 Das Öl dazugeben und bei 90 °C ca. drei Minuten lang andünsten.

3 Den Reis dazugeben und weitere drei Minuten andünsten, dabei rühren.

4 Die Zucchini und die Möhren schälen und zerkleinern, die Paprika waschen, entkernen und in dünne Streifen schneiden.

5 Alle restlichen Zutaten mit in den Mixtopf geben und bei 100 °C ca. 15 Minuten garen.

6 Mit Salz und Pfeffer abschmecken.

GEFÜLLTE AUBERGINEN

4 Port.

50 Min.

Leicht

Zutaten

800 g Auberginen
400 g Kidneybohnen
200 g passierte Tomaten
100 g Feta
40 ml Gemüsebrühe
15 g Tomatenmark
3 Knoblauchzehen
1 Zwiebel
1 Tomate
1 Peperoni
Salz
Pfeffer

Nährwerte p. P.

295 kcal
26 g Kohlenhydrate
12 g Fett
17 g Eiweiß

1 Die Auberginen waschen und längs aufschneiden. Die Schnittstellen gut salzen und ca. 30 Minuten lang ziehen lassen. Danach mit einem Stück Küchenrolle trocken tupfen.

2 In der Zwischenzeit die Zwiebel und den Knoblauch schälen, die Zwiebel halbieren und beides zusammen in den Mixtopf geben. Auf Stufe 5 ca. vier Sekunden lang zerkleinern.

3 Das Öl dazugeben und bei 120 °C drei Minuten lang andünsten.

4 Die Tomate waschen und vierteln und mit dem Tomatenmark, der Gemüsebrühe und den passierten Tomaten zu der Zwiebel und dem Knoblauch geben. Auf mittlerer Stufe erneut ca. vier Sekunden zerkleinern.

5 Die Bohnen abgießen und abtropfen lassen. Anschließend mit in den Mixtopf geben und bei 80 °C ca. fünf Minuten köcheln lassen.

6 Die Auberginen im vorgeheizten Backofen bei 180 °C Umluft 15 - 20 Minuten garen.

7 Die Auberginen aushöhlen und mit den Zutaten aus dem Mixtopf befüllen. Den Feta zerbröseln und darauf geben.

8 Die gefüllten Auberginen für weitere 20 Minuten backen.

VEGETARISCHER DÖNER

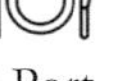

4 Port. 25 Min. Leicht

Zutaten

500 g Sojaschnetzel
100 g Krautsalat
100 g Eisbergsalat
100 g Rotkohlsalat
1 Fladenbrot
2 EL Zaziki
1 EL Rapsöl
Paprikapulver
Pfeffer
Salz

Nährwerte p. P.

306 kcal
28 g Kohlenhydrate
12 g Fett
18 g Eiweiß

1 Die Sojaschnetzel einweichen und auswringen.

2 Das Öl in der Küchenmaschine erhitzen. Anschließend die Sojaschnetzel bei 100 °C ca. sechs Minuten anbraten. Dabei rühren. Mit Paprikapulver, Pfeffer und Salz abschmecken und beiseitestellen.

3 Das Fladenbrot vierteln und in der Küchenmaschine von beiden Seiten kurz anrösten.

4 Die Fladenbrote aufschneiden und mit den Zutaten befüllen.

Tipp: Wenn Sie das Fladenbrot selbst machen wollen, können Sie sich dafür an dem Rezept "Schnelles Ananas-Mango-Fladenbrot" orientieren.

ORIENTALISCHE PAPRIKA

4 Port.

1 Std., 15 Min.

Leicht

Zutaten

4 Paprika
200 g Feta
4 Tomaten
100 g Bulgur
1 Zitrone
25 g Pinienkerne
Salz
Pfeffer

Nährwerte p. P.

487 kcal
58 g Kohlenhydrate
24 g Fett
17 g Eiweiß

1 Die Tomaten waschen, kreuzförmig einritzen und auf Stufe 1 ca. drei Minuten dampfgaren. Danach die Tomaten häuten, halbieren, entkernen und das Fruchtfleisch in Würfel schneiden.

2 Den Bulgur und die Pinienkerne dazugeben und mit Wasser aufgießen, bis alles bedeckt ist. Bei 100 °C ca. 15 Minuten lang garen.

3 Die Paprika waschen und entkernen und den Feta zerbröseln. Mit dem Bulgur verrühren.

4 Die Paprikahälften mit der Bulgur-Mischung befüllen und mit Pfeffer und Salz würzen.

5 Die gefüllte Paprika auf Stufe 2 ca. 30 Minuten dampfgaren.

NUDELN IN TOMATEN-SAHNE-SOßE

4 Port. 30 Min. Leicht

Zutaten

500 g Nudeln
2 Dosen geschälte Tomaten
250 g Sahne
2 Knoblauchzehen
1 Zwiebel
2 EL Olivenöl
3 EL Tomatenmark
2 TL Gemüsebrühe
gemischte Kräuter
Paprikapulver
Salz
Pfeffer

Nährwerte p. P.

1293 kcal
165 g Kohlenhydrate
51 g Fett
37 g Eiweiß

1 Die Nudeln acht Minuten lang in Salzwasser kochen.

2 Die Zwiebel und den Knoblauch schälen und im Mixtopf auf Stufe 6 ca. acht Sekunden zerkleinern.

3 Das Olivenöl und das Tomatenmark dazugeben. Bei 100 °C ca. zwei Minuten andünsten.

4 Die geschälten Tomaten dazugeben und auf Stufe 6 ca. 15 Sekunden zerkleinern.

5 Die Sahne dazugeben und mit gemischten Kräutern, Paprikapulver, Salz und Pfeffer abschmecken.

6 Alles zusammen bei 100 °C ca. 15 Minuten kochen.

7 Die Nudeln unter die Soße rühren.

KÜRBIS-GNOCCHI

4 Port.

1 Std..

Mittel

Zutaten

800 g Kartoffeln
500 g Hokkaidokürbis
180 g Weizenmehl
120 g Weichweizengrieß
2 Eier
1 Orange
1 Prise Salz
1 TL Muskatnuss

Nährwerte p. P.

748 kcal
107 g Kohlenhydrate
27 g Fett
20 g Eiweiß

1 Die Kartoffeln schälen und würfeln. Den Kürbis ebenfalls schälen, halbieren, entkernen und in Würfel schneiden.

2 Die Kartoffeln zehn Minuten lang dampfgaren, dann den Kürbis dazugeben und weitere zehn Minuten garen. Beides herausnehmen und durch eine Kartoffelpresse drücken.

3 Die Eier trennen, die Orange waschen und ca. drei Teelöffel Schale abreiben.

4 Die Kartoffel-Kürbis-Mischung wieder in den Mixtopf geben und mit dem Mehl, dem Eigelb und der Orangenschale auf Stufe 6 ca. 15 Sekunden lang verkneten. Das Salz und die Muskatnuss dazugeben.

5 Den Teig zu langen Rollen formen und in gleichmäßige Stücke teilen. Die einzelnen Stücke mit einer Gabel plattdrücken.

6 Die Gnocchi ca. 15 Minuten lang dampfgaren.

Vegane Hauptgerichte

GEMÜSE-PFANNKUCHEN MIT AVOCADO-DIP

6 Port.

40 Min.

Mittel

Zutaten

200 g Kichererbsenmehl
300 ml Wasser
2 Karotten
2 Frühlingszwiebeln
2 Avocados
1 Zucchini
1 Zitrone
1 Knoblauchzehe
4 EL Öl
Salz

Nährwerte p. P.

1132 kcal
72 g Kohlenhydrate
69 g Fett
40 g Eiweiß

1 Die Karotten und die Zucchini schälen und raspeln. Die Frühlingszwiebeln schälen, in die Küchenmaschine geben und auf Stufe 5 ca. sechs Sekunden lang zerkleinern.

2 Das Kichererbsenmehl nach und nach mit dem Wasser verrühren, bis ein glatter Teig entstanden ist.

3 Die Frühlingszwiebeln und etwas Salz zu dem Teig geben und gut verrühren.

4 Den Teig mit den Karotten und der Zucchini verrühren.

5 Zwei Esslöffel Öl in der Küchenmaschine erhitzen und jeweils einen kleinen Klecks Teig bei 100 °C von beiden Seiten ca. 3 - 4 Minuten lang anbraten, bis er bräunlich wird. Die fertigen Pfannkuchen zur Seite stellen und warmhalten. Dafür kann beispielsweise der Backofen auf 50 °C erhitzt und die Pfannkuchen reingestellt werden.

6 Die Zitrone auspressen und in den Mixtopf geben. Die Avocado, den Knoblauch und das restliche Öl dazugeben und pürieren. Mit Salz abschmecken. Sollte der Dip zu fest sein, einfach noch etwas Wasser dazugeben.

MEDITERRANE PFANNE

 4 Port.

 1 Std..

Leicht

Zutaten

1 rote Paprika
1 gelbe Paprika
1 Zucchini
1 Aubergine
3 Tomaten
125 g Champignons
1 rote Zwiebel
2 Knoblauchzehen
500 ml Wasser
6 EL Olivenöl
3 Zweige Thymian
2 Stängel Rosmarin
2 TL Meersalz
1 Prise Pfeffer

Nährwerte p. P.

559 kcal
21 g Kohlenhydrate
47 g Fett
8 g Eiweiß

1 Das Gemüse in mundgerechte Stücke schneiden und mit dem Olivenöl verrühren.

2 Den Rosmarin und den Knoblauch hacken.

3 Den Rosmarin und den Knoblauch mit dem Thymian, Salz und Pfeffer verrühren. 30 Minuten ziehen lassen.

4 Alle Zutaten zusammen in den Mixtopf geben und bei 100 °C ca. drei Minuten lang andünsten.

5 Alle Zutaten 15 - 20 Minuten lang dampfgaren.

DJUVEC-REIS

2 Port.

45 Min.

Leicht

Zutaten

300 g Basmatireis
400 g stückige Tomaten
500 ml Gemüsebrühe
100 g Ajvar
200 g Mais
200 g Erbsen
1 Zwiebel
1 Knoblauchzehe
1 Karotte
1 Paprika
2 EL Öl
1 TL Paprikapulver
1 Prise Salz

Nährwerte p. P.

958 kcal
175 g Kohlenhydrate
10 g Fett
28 g Eiweiß

1 Die Karotte, die Zwiebel und den Knoblauch schälen, die Zwiebel halbieren und alles zusammen in der Küchenmaschine auf Stufe 6 ca. fünf Sekunden lang zerkleinern.

2 Die Paprika waschen, entkernen und in Würfel schneiden.

3 Das Öl in die Küchenmaschine geben und die Paprika, die Zwiebel, die Karotte und den Knoblauch darin fünf Minuten lang andünsten.

4 Mit der Gemüsebrühe ablöschen und den Reis sowie die restlichen Zutaten dazugeben. Bei 100 °C zum Kochen bringen und ca. 20 Minuten lang köcheln lassen. Dabei ständig rühren.

KARTOFFELGULASCH

4 Port.

45 Min.

Leicht

Zutaten

800 g Kartoffeln
400 g stückige Tomaten
300 ml Gemüsebrühe
250 g Sauerkraut
150 g Paprika
1 Zwiebel
20 ml Olivenöl
Salz
Pfeffer

Nährwerte p. P.

239 kcal
33 g Kohlenhydrate
9 g Fett
6 g Eiweiß

1 Die Zwiebel schälen, halbieren und auf höchster Stufe in der Küchenmaschine ca. zwei Sekunden zerkleinern.

2 Das Olivenöl dazugeben und drei Minuten lang anschwitzen.

3 Die Kartoffeln schälen und in mundgerechte Stücke schneiden. Die Paprika waschen, entkernen und in Streifen schneiden.

4 Die stückigen Tomaten und die Gemüsebrühe zu der Zwiebel in den Topf geben. Bei 100 °C aufkochen lassen, dann die Kartoffeln dazugeben. Unter ständigem Rühren ca. 15 Minuten lang garen.

5 Zum Schluss die Paprika und das Sauerkraut dazugeben und alles mit Pfeffer und Salz abschmecken. Weitere 15 Minuten lang kochen.

LINSENBOLOGNESE

4 Port.

1 Std., 15 Min.

Leicht

Zutaten

500 g Spaghetti
500 g passierte Tomaten
150 g Karotten
250 g Champignons
150 g Linsen
50 ml Wasser
60 ml Olivenöl
1 Zwiebel
3 TL gemischte Kräuter
1 Prise Salz

Nährwerte p. P.

1359 kcal
189 g Kohlenhydrate
39 g Fett
51 g Eiweiß

1 Die Karotten und die Zwiebel schälen, halbieren und auf Stufe 6 ca. vier Sekunden lang zerkleinern.

2 Die Champignons putzen und mit in den Mixtopf geben. Auf Stufe 5 ca. fünf Sekunden lang zerkleinern.

3 Die gemischten Kräuter und das Öl in den Mixtopf geben und alles zusammen bei 90 °C ca. sechs Minuten lang anbraten.

4 In der Zwischenzeit die Linsen abspülen und abtropfen lassen.

5 Das Gemüse im Mixtopf mit den passierten Tomaten ablöschen. Das Wasser dazugeben und gut durchrühren.

6 Die Linsen in den Mixtopf geben und bei 90 °C ca. 45 Minuten lang köcheln lassen. (Je nach Linsenart kann die Kochzeit variieren.)

7 Die Spaghetti in kochendes Wasser geben und acht Minuten lang kochen.

SAUERKRAUT MIT PILZEN

4 Port.

2 Std.,
40 Min.

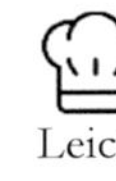
Leicht

Zutaten

1 kg Sauerkraut
100 g getrocknete Pilze
1 Zwiebel
40 ml Pflanzenöl
Salz
Pfeffer
Kümmel

Nährwerte p. P.

200 kcal
5 g Kohlenhydrate
13 g Fett
14 g Eiweiß

1 Die Pilze in eine Schüssel geben, mit ca. 250 ml warmem Wasser bedecken und zwei Stunden lang einweichen.

2 Die Pilze zusammen mit dem Wasser in den Mixtopf geben und bei 100 °C ca. fünf Minuten garen. Danach auf Stufe 5 ca. zehn Sekunden lang zerkleinern. In eine Schüssel umfüllen und zur Seite stellen.

3 Die Zwiebel schälen, halbieren und im Mixtopf auf höchster Stufe ca. fünf Sekunden lang zerkleinern. Das Öl dazugeben und bei 100 °C drei Minuten lang anbraten.

4 Das Sauerkraut und die Pilze mit dem Wasser in den Topf geben und bei 95 °C 35 Minuten garen. Mit Pfeffer, Salz und Kümmel abschmecken.

BLUMENKOHL-WINGS

4 Port.

20 Min.

Leicht

Zutaten

½ Blumenkohl
100 g Weizenmehl
100 ml Mandeldrink
50 ml Wasser
2 EL Tomatenmark
2 EL Apfelessig
2 TL Knoblauchpulver
2 TL Kurkuma

Nährwerte p. P.

132 kcal
25 g Kohlenhydrate
1 g Fett
6 g Eiweiß

1 Den Blumenkohl waschen und in Röschen teilen.

2 Alle anderen Zutaten nach und nach im Mixtopf verrühren, bis ein Brei entsteht. In eine Schüssel umfüllen und den Topf auswaschen.

3 Den Blumenkohl in den Brei eintunken und drehen, bis er ganz bedeckt ist.

4 Die Blumenkohl-Wings bei 100 °C in der Küchenmaschine von allen Seiten gut in etwas Öl anrösten, bis sie eine bräunliche Färbung annehmen und kross sind.

Fingerfood/Snacks

SÜẞKARTOFFEL-NACHOS

6 Port.

20 Min.

Mittel

Zutaten

200 g Tomaten
½ Zwiebel
1 Knoblauchzehe
½ Limette
500 g Süßkartoffeln
100 g geriebener Käse
2 EL Olivenöl
50 g Jalapeños
½ TL Kreuzkümmel
½ TL Salz
½ TL Paprikapulver

Nährwerte p. P.

469 kcal
80 g Kohlenhydrate
8 g Fett
11 g Eiweiß

1 Den Backofen auf 200 °C Umluft vorheizen.

2 Die Süßkartoffeln schälen, in Scheiben schneiden, mit Olivenöl bestreichen und sieben Minuten lang backen. Danach die Scheiben umdrehen und weitere sieben Minuten backen.

3 Die Tomaten waschen und zusammen mit den Jalapeños in den Mixtopf geben. Die Zwiebel und den Knoblauch schälen und ebenfalls hineingeben. Die Limette in den Topf auspressen.

4 Die Gewürze dazugeben und auf Stufe 6 ca. sechs Sekunden lang zerkleinern. Falls nötig, noch einmal gut durchrühren. Die Salsa in eine Schüssel geben, beiseitestellen und den Mixtopf auswaschen.

5 Die Nachos aus dem Ofen nehmen, in die Küchenmaschine geben, mit Käse bestreuen und bei 100 °C ca. fünf Minuten lang überbacken. Der Käse sollte geschmolzen und leicht bräunlich sein.

6 Die Salsa auf die Nachos geben.

NUSSRIEGEL

40 Port.

45 Min.

Leicht

Zutaten

350 g Feuerbohnen, getrocknet
1 Banane, sehr reif
10 Datteln
100 ml Wasser + mehr Wasser, siehe Schritt 1
65 ml Ahornsirup
4 EL Kakaopulver
2 EL Öl
2 EL Instant-Kaffeepulver
1 TL Vanilleextrakt
1 TL Backpulver
eine Prise Salz

Nährwerte p. P.

77 kcal
4 g Kohlenhydrate
6 g Fett
3 g Eiweiß

1 Den Ofen auf 150 °C Umluft vorheizen.

2 Den Reissirup bei 50 °C ca. fünf Minuten erhitzen.

3 Alle anderen Zutaten dazugeben und auf Stufe 3 ca. zehn Sekunden zerkleinern.

4 Die Mischung in eine Backform geben und gleichmäßig verteilen.

5 Die Nussmischung ca. 30 Minuten lang backen, danach abkühlen lassen und in einzelne Riegel schneiden.

PIZZABÄLLE

40 Bälle

35 Min.

Leicht

Zutaten

300 g Mehl
250 g Quark
200 g geriebener Käse
100 g Schinkenwürfel
100 g Röstzwiebeln
80 ml Milch
6 EL Öl
1 Pck. Backpulver
1 EL Zucker
1 TL Salz

Nährwerte p. P.

1375 kcal
141 g Kohlenhydrate
55 g Fett
75 g Eiweiß

1 Den Backofen auf 180 °C Umluft vorheizen.

2 Alle Zutaten bis auf den Käse in den Mixtopf geben und zwei Minuten lang kneten.

3 Aus dem fertigen Teig 40 Bälle formen. Die Bälle auf ein Backblech legen, den Käse darüberstreuen und ca. 30 Minuten lang backen.

GEBRANNTE MANDELN

6 Port. 20 Min. Leicht

Zutaten

300 g Mandeln
50 g Honig
30 g Butter
1 TL Vanillezucker
½ TL Salz
1 TL Zimt
Puderzucker

Nährwerte p. P.

1325 kcal
74 g Kohlenhydrate
96 g Fett
32 g Eiweiß

1 Die Butter mit dem Honig, dem Salz, dem Vanillezucker und dem Zimt zwei Minuten lang unter ständigem Rühren schmelzen.

2 Die Mandeln dazugeben und auf niedrigster Stufe 30 Sekunden lang durchrühren.

3 Den Backofen auf 170 °C vorheizen. Die Mandeln auf einem Backblech ausbreiten und in den Backofen geben.

4 Die Mandeln alle fünf Minuten wenden. Insgesamt müssen sie 15 Minuten lang backen.

5 Die fertigen Mandeln in Puderzucker wälzen.

SCHOKOBÄLLCHEN

35 Bälle

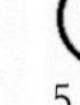
5 Min.

Leicht

Zutaten

175 g Datteln (entkernt)
150 g Mandeln
2 EL Kakaopulver
4 EL Erdnussbutter
EL Reissirup

Nährwerte p. P.

55 kcal
7 g Kohlenhydrate
3 g Fett
2 g Eiweiß

1 Die Datteln mit der Erdnussbutter und dem Kakaopulver ca. 20 Sekunden auf Stufe 6 zerkleinern.

2 Die Mandeln und den Sirup dazugeben und auf höchster Stufe zehn Sekunden zerkleinern.

3 Jeweils einen Löffel der Masse herausnehmen und zu einer Kugel formen.

4 Die fertigen Kugeln bis zum Verzehr im Kühlschrank aufbewahren.

KARTOFFELHÄPPCHEN

4 Port.

45 Min.

Leicht

Zutaten

375 g gekochte Kartoffeln (kalt)
35 ml Milch
1 Zwiebel
4 Eier
1 Handvoll Petersilie
1 EL Olivenöl
1 TL Salz
1 Prise Pfeffer

Nährwerte p. P.

305 kcal
36 g Kohlenhydrate
11 g Fett
14 g Eiweiß

1 Die Zwiebel schälen und halbieren und zusammen mit der Petersilie in der Küchenmaschine fünf Sekunden auf Stufe 5 zerkleinern.

2 Das Olivenöl dazugeben und bei 120 °C andünsten. Danach ca. 15 Minuten lang abkühlen lassen.

3 Wenn die Zwiebeln abgekühlt sind, die Eier sowie Salz und Pfeffer dazugeben und auf Stufe 5 zehn Sekunden lang mixen.

4 Die Kartoffeln vierteln und ebenfalls gemeinsam mit der Milch in die Küchenmaschine geben. Auf Stufe 3 ca. fünf Sekunden lang verrühren.

5 Die fertige Masse in eine Auflaufform geben und im vorgeheizten Backofen bei 180 °C Ober-/Unterhitze ca. 25 Minuten lang backen. Anschließend abkühlen lassen und danach in Würfel schneiden. Die Würfel können mit Zahnstochern aufgespießt werden.

GEMÜSESCHNECKEN

6 Port.

20 Min.

Leicht

Zutaten

1 Rolle Blätterteig
1 Zucchini
80 g Cocktailtomaten
70 g Frischkäse
2 Champignons
30 g Parmesan
25 g Tomatenmark
Salz
Pfeffer

Nährwerte p. P.

670 kcal
59 g Kohlenhydrate
40 g Fett
17 g Eiweiß

1 Die Zucchini schälen und in grobe Würfel schneiden. Die Champignons putzen und halbieren.

2 Alle Zutaten bis auf den Blätterteig in den Mixtopf geben und auf Stufe 5 ca. fünf Sekunden lang zerkleinern.

3 Den Blätterteig ausbreiten und die Gemüsemischung gleichmäßig darauf verteilen. Den Teig aufrollen und in gleich große Stücke schneiden.

4 Die Gemüseschnecken auf ein Backblech legen und im vorgeheizten Backofen bei 200 °C Ober-/Unterhitze 15 Minuten backen.

Desserts

NOUGAT

30 Stk.

45 Min.

Leicht

Zutaten

250 g blanchierte Mandeln
150 g Honig
150 g Zucker
1 Eiweiß
1 Prise Salz

Nährwerte p. P.

2487 kcal
436 g Kohlenhydrate
68 g Fett
30 g Eiweiß

1 Die Mandeln in die Küchenmaschine geben und auf höchster Stufe ca. drei Sekunden lang zerkleinern.

2 Die Mandeln in der Küchenmaschine bei 180 °C ca. 15 Minuten unter ständigem Rühren rösten und abkühlen lassen.

3 Das Eiweiß zusammen mit dem Salz steif schlagen.

4 Den Honig bei 100 °C ca. zwei Minuten lang erhitzen. Nach und nach unter ständigem Rühren den Zucker dazugeben. Den Eischnee unterrühren und auf maximaler Geschwindigkeit ca. zehn Minuten lang aufschlagen.

5 Die Mandeln dazugeben und alles gut miteinander verrühren.

6 Die Nougatmischung in eine Backform geben und gleichmäßig verteilen. Bei Zimmertemperatur mindestens vier Stunden lang auskühlen lassen. Danach in gleich große Stücke schneiden.

ERDBEER-DESSERT

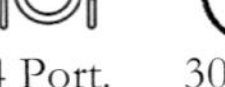

4 Port. 30 Min. Leicht

Zutaten

500 g Erdbeeren
60 g Zucker
1 Eiweiß
1 TL Zitronensaft
Schlagsahne

Nährwerte p. P.

231 kcal
48 g Kohlenhydrate
1 g Fett
4 g Eiweiß

1 Die Erdbeeren waschen und den Strunk entfernen.

2 Die Erdbeeren zusammen mit dem Zucker in die Küchenmaschine geben und auf Stufe 5 ca. 20 Sekunden lang zerkleinern.

3 Den Zitronensaft unterrühren.

4 Das Eiweiß dazugeben und auf Stufe 4 ca. sieben Minuten lang aufschlagen.

5 Die Creme in Gläser oder Schüsseln füllen und mit Schlagsahne verzieren.

VEGANES BANANEN-SCHOKO-EIS

4 Port. 3 Min. Leicht

Zutaten

300 g Mehl
250 g Quark
200 g geriebener Käse
100 g Schinkenwürfel
100 g Röstzwiebeln
80 ml Milch
6 EL Öl
1 Pck. Backpulver
1 EL Zucker
1 TL Salz

Nährwerte p. P.

116 kcal
30 g Kohlenhydrate
1 g Fett
2 g Eiweiß

1 Die gefrorenen Bananen, falls möglich, in der Mitte teilen und zusammen mit dem Kakaopulver in die Küchenmaschine geben.

2 Auf Stufe 8 ca. 15 Sekunden lang zerkleinern.

3 Auf Stufe 4 ca. zwei Minuten lang verrühren.

BLAUBEERTRAUM

4 Port. 5 Min. Leicht

Zutaten

150 g Blaubeeren
150 ml Milch
3 Blatt Gelatine
200 g Skyr
200 g Joghurt
TL Agavendicksaft

Nährwerte p. P.

309 kcal
26 g Kohlenhydrate
14 g Fett
19 g Eiweiß

1 Die Milch mit den Blaubeeren in die Küchenmaschine geben und auf Stufe 7 ca. zehn Sekunden lang zerkleinern.

2 Die Gelatine einweichen und zu den Zutaten in der Küchenmaschine geben. Bei 70 °C ca. eine Minute lang unter ständigem Rühren erwärmen, bis sich die Gelatine aufgelöst hat.

3 Alle anderen Zutaten dazugeben und auf Stufe 3 ca. fünf Sekunden lang verrühren.

4 Die fertige Masse in Gläser oder Schüsseln füllen.

Tipp: Anstelle von Blaubeeren können auch andere Früchte gewählt werden.

SPAGHETTIEIS-DESSERT

8 Port.

2 Std., 30 Min.

Leicht

Zutaten

400 g Sahne
500 g Quark
300 g Erdbeeren
120 g Zucker
30 g weiße Schokolade
1 TL Vanillepaste
1 TL Vanillezucker

Nährwerte p. P.

1163 kcal
106 g Kohlenhydrate
67 g Fett
33 g Eiweiß

1 Die weiße Schokolade in die Küchenmaschine geben und auf Stufe 8 ca. fünf Sekunden lang zerkleinern. In eine Schale füllen und beiseitestellen.

2 Die Sahne, den Quark, den Zucker, die Vanillepaste und den Vanillezucker in den Mixtopf geben und auf Stufe 4 ca. eine Minute lang verrühren, bis sich der Zucker gelöst hat.

3 Die Creme in acht Gefäße umfüllen.

4 Die Erdbeeren waschen, den Strunk entfernen und in der Küchenmaschine auf Stufe 8 ca. 30 Sekunden lang pürieren. Anschließend auf die Quarkcreme geben, die Schokolade darüberstreuen und mindestens zwei Stunden lang kühlen.

VANILLE-MANGO-DESSERT

4 Port. 10 Min. Leicht

Zutaten

500 g Vanillepudding
1 Mango
1 Orange
1 Limette
3 TL brauner Zucker
40 g Amarettini

Nährwerte p. P.

381 kcal
92 g Kohlenhydrate
1 g Fett
1 g Eiweiß

1 Die Mango schälen und das Fruchtfleisch vom Kern trennen.

2 Die Limette waschen und schälen, dann auspressen. Die Orange ebenfalls auspressen.

3 Die Mango mit dem Zucker sowie dem Limetten- und Orangensaft in die Küchenmaschine geben und auf Stufe 5 ca. acht Sekunden lang pürieren.

4 Den Vanillepudding und das Mangopüree abwechselnd in vier Gläser schichten.

5 Die Amarettini zerbröseln und auf der obersten Schicht verteilen.

LAVA-CAKE

 8 Stk.

 1,5 Std.

 Leicht

Zutaten

200 g Butter
200 g Zartbitterschokolade
2 Eier
80 g Zucker
50 g Mehl

Nährwerte p. P.

1585 kcal
107 g Kohlenhydrate
121 g Fett
13 g Eiweiß

1 Die Butter mit der Schokolade in die Küchenmaschine geben und bei 60 °C unter ständigem Rühren schmelzen.

2 Die Eier und den Zucker dazugeben und auf Stufe 4 ca. eine Minute lang verrühren.

3 Das Mehl auf Stufe 4 ca. 30 Sekunden lang unterrühren.

4 Den Teig in Muffinförmchen füllen und ca. zwei Stunden lang in den Kühlschrank stellen.

5 Im vorgeheizten Backofen bei 180 °C Ober-/Unterhitze ca. 14 Minuten lang backen.

Tipp: Je wärmer die Lava-Cakes nach dem Backen noch sind, desto flüssiger ist auch der Kern.

Getränke mit Alkohol

ERDBEER-WODKA-SLUSH

2 Port.

5 Min.

Leicht

Zutaten

200 g gefrorene Erdbeeren
200 g Crushed Ice
100 ml Zitronenlimonade
80 ml Wodka
frische Erdbeeren

Nährwerte p. P.

700 kcal
110 g Kohlenhydrate
6 g Fett
12 g Eiweiß

1 Alle Zutaten in die Küchenmaschine geben und auf höchster Stufe ca. 30 Sekunden lang zerkleinern.

2 Den Slush auf zwei Gläser aufteilen.

3 1 - 2 frische Erdbeeren waschen und den Strunk entfernen. Dann bis zur Hälfte einschneiden und an die Ränder der Gläser stecken.

BLAUES PARADIES

 6 Port.  5 Min.  Leicht

Zutaten

500 ml Sprudelwasser
300 ml Wodka
100 ml Zitronensaft
10 Eiswürfel

Nährwerte p. P.

1070 kcal
130 g Kohlenhydrate
7 g Fett
27 g Eiweiß

1 Alle Zutaten in der Küchenmaschine auf Stufe 6 ca. 20 Sekunden lang zerkleinern.

2 Den Cocktail auf sechs Gläser aufteilen.

ESPRESSO-MARTINI

4 Port.

2 Min.

Leicht

Zutaten

120 ml Espresso
100 ml Wodka
60 g Zucker

Nährwerte p. P.

204 kcal
27 g Kohlenhydrate
1 g Fett
1 g Eiweiß

1 Den Zucker in die Küchenmaschine geben und auf Stufe 9 ca. zehn Sekunden lang zerkleinern.

2 Alle anderen Zutaten dazugeben und auf höchster Stufe miteinander verrühren.

3 Den Martini auf vier Gläser verteilen.

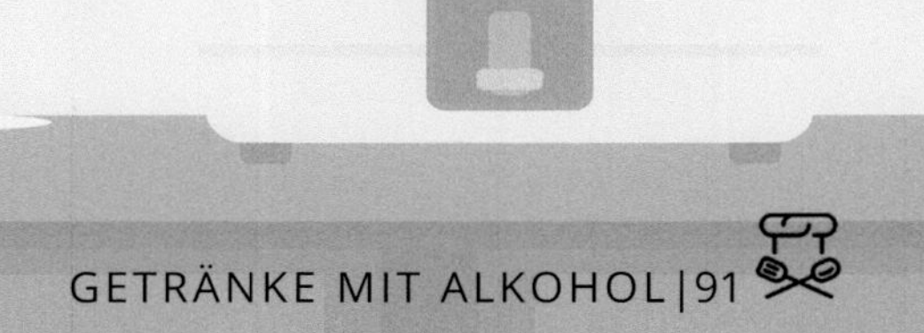

MANGO-COCKTAIL

4 Port.

2 Min.

Leicht

Zutaten

400 g gefrorene Mango
300 ml Sprudelwasser
100 g Eiswürfel
100 ml Mangonektar
100 ml Mangolikör
10 g Zucker
100 ml Malibu

Nährwerte p. P.

217 kcal
29 g Kohlenhydrate
1 g Fett
1 g Eiweiß

1 Die Mangostücke mit den Eiswürfeln und dem Nektar in die Küchenmaschine geben und auf höchster Stufe ca. eine Minute lang zerkleinern.

2 Die restlichen Zutaten dazugeben und auf Stufe 4 ca. 30 Sekunden lang miteinander verrühren.

3 Auf vier Gläser aufteilen.

Getränke ohne Alkohol

HEIẞE SCHOKOLADE

1 Port. 5 Min. Leicht

Zutaten

200 ml Milch
30 g Schokolade
Schlagsahne
Marshmallows

Nährwerte p. P.

338 kcal
39 g Kohlenhydrate
16 g Fett
10 g Eiweiß

1 Die Schokolade in der Küchenmaschine auf höchster Stufe ca. vier Sekunden lang zerkleinern.

2 Die Milch dazugeben und unter ständigem Rühren bei 80 °C ca. drei Minuten lang erwärmen.

3 Auf Stufe 9 ca. 30 Sekunden lang aufschäumen.

4 Die heiße Schokolade in eine Tasse füllen und mit Schlagsahne und Marshmallows garnieren.

HEIDELBEER-COCKTAIL

4 Port.

5 Min.

Leicht

Zutaten

800 g Crushed Ice
500 g Heidelbeeren
100 g brauner Zucker
3 Limetten
1 l Kirschsaft

Nährwerte p. P.

595 kcal
132 g Kohlenhydrate
4 g Fett
3 g Eiweiß

1 Das Crushed Ice auf die Gläser aufteilen.

2 Die Heidelbeeren auf höchster Stufe ca. zehn Minuten lang pürieren. Dann ebenfalls auf die Gläser aufteilen.

3 Den Zucker auf Stufe 10 ca. 15 Sekunden lang zerkleinern. Die Limetten halbieren, die Hälften dazugeben und auf höchster Stufe ca. fünf Sekunden lang pürieren. Das Ergebnis auf die Gläser aufteilen.

4 Die Gläser mit dem Kirschsaft auffüllen.

APFELPUNSCH

5 Port. 15 Min. Leicht

Zutaten

750 ml Apfelsaft
150 ml Traubensaft
75 g brauner Zucker
1 EL Vanillezucker
3 Zimtstangen
3 Sternanis
Nelken

Nährwerte p. P.

457 kcal
105 g Kohlenhydrate
2 g Fett
2 g Eiweiß

1 Den Zucker und den Vanillezucker in den Mixtopf geben. Den Gareinsatz einsetzen und die Gewürze hineinlegen.

2 Den Trauben- und den Apfelsaft über die Gewürze gießen.

3 Unter ständigem Rühren bei 100 °C ca. 13 Minuten lang erhitzen.

4 Das Garkörbchen aus der Küchenmaschine nehmen.

Soßen, Dips, Aufstriche & Dressings

LEBERWURST

8 Port.

3 Std., 30 Min.

Schwer

Zutaten

1 kg Schweinebauch
1 kg Schweinefleisch
1 kg Schweineleber
500 g Zwiebeln
20 g Salz
4 g weißer Pfeffer
3 g Majoran
1 g Muskat
1 g Basilikum
Schweineschmalz zum Anbraten

Nährwerte p. P.

8538 kcal
986 g Kohlenhydrate
200 g Fett
515 g Eiweiß

1 Das Bauchfleisch in mundgerechte Stücke schneiden und in einem Kochtopf mit genügend Wasser ca. eine Stunde lang kochen.

2 Die Zwiebeln schälen und in der Küchenmaschine auf Stufe 6 ca. fünf Sekunden lang zerkleinern. Dann etwas Schweineschmalz dazugeben und die Zwiebeln darin bei 90 °C ca. drei Minuten lang anrösten. Anschließend pürieren, in eine Schüssel umfüllen und beiseitestellen.

3 Das Schweinefleisch in genügend Wasser zum Kochen bringen und 30 Minuten lang köcheln.

4 Die Leber in der Küchenmaschine auf höchster Stufe so lange zerkleinern, bis Blasen sichtbar werden. In eine Schale umfüllen und beiseitestellen.

5 Das Bauchfleisch mit 200 ml des Kochwassers in die Küchenmaschine geben und auf höchster Stufe zerkleinern. Danach verrühren, in eine Schüssel geben, beiseitestellen und denselben Schritt mit dem Schweinefleisch wiederholen.

6 Alle Zutaten inklusive der Gewürze in die Küchenmaschine geben und auf höchster Stufe miteinander verrühren, bis die gewünschte Konsistenz erreicht ist. Danach bei 95 °C ca. zwei Stunden einkochen.

FRISCHE REMOULADE

1 Port.

10 Min.

Mittel

Zutaten

375 ml Öl
2 Eier
1 Gewürzgurke
1 Zwiebel
½ TL Meerrettich
1 TL Senf
1 TL Zitronensaft
1 Bund Petersilie
1 Bund Schnittlauch
Pfeffer
Salz

Nährwerte p. P.

1646 kcal
5 g Kohlenhydrate
177 g Fett
7 g Eiweiß

1 Die Petersilie und den Schnittlauch in der Küchenmaschine auf Stufe 7 ca. fünf Sekunden lang zerkleinern. In eine Schüssel füllen und beiseitestellen.

2 Die Zwiebel schälen und zusammen mit der Gurke auf Stufe 5 ca. fünf Sekunden lang zerkleinern.

3 Alle anderen Zutaten bis auf das Öl dazugeben und auf Stufe 1 eine Minute lang verrühren.

4 Das Öl unter Rühren nach und nach dazugeben.

5 Mit Salz und Pfeffer abschmecken.

BÄRLAUCHPESTO

2 Gl.

1 Min.

Leicht

Zutaten

100 g Bärlauch
100 g Parmesan
100 ml Olivenöl
50 g Pinienkerne
2 Knoblauchzehen
1 TL Salz
½ TL Pfeffer

Nährwerte p. P.

821 kcal
9 g Kohlenhydrate
74 g Fett
28 g Eiweiß

1 Alle Zutaten bis auf das Öl in die Küchenmaschine geben und auf Stufe 7 ca. zehn Sekunden lang zerkleinern.

2 Das Olivenöl dazugeben und auf Stufe 8 ca. 15 Sekunden lang pürieren.

3 Das Pesto in Gläser umfüllen.

ERDNUSSSOẞE

4 Port.

10 Min.

Leicht

Zutaten

400 ml Kokosmilch
200 g Erdnüsse
1 Knoblauchzehe
25 g Zucker
2 Prisen Currypulver
1 EL Sesamöl
1 EL Zitronensaft
½ TL Salz

Nährwerte p. P.

1234 kcal
35 g Kohlenhydrate
105 g Fett
30 g Eiweiß

1 Die Erdnüsse in der Küchenmaschine auf Stufe 8 ca. zehn Sekunden lang zerkleinern. In eine Schüssel füllen und beiseitestellen.

2 Den Knoblauch schälen, in den Topf geben und auf Stufe 8 weitere zwei Sekunden zerkleinern.

3 Das Sesamöl und das Currypulver dazugeben und unter ständigem Rühren bei 90 °C ca. zwei Minuten lang andünsten.

4 Alle anderen Zutaten dazugeben und bei 100 °C vier Minuten lang andünsten.

VEGANE KÄSESOßE

4 Port.

30 Min.

Mittel

Zutaten

150 g Kartoffeln
60 g Möhren
60 g Cashewkerne
75 g Margarine
1 Zwiebel
250 ml Wasser
2 TL Salz
1 TL Zitronensaft
½ TL Pfeffer
½ TL Senf

Nährwerte p. P.

550 kcal
28 g Kohlenhydrate
49 g Fett
7 g Eiweiß

1 Die Kartoffeln, die Möhren und die Zwiebel schälen und in der Küchenmaschine mit genügend Wasser 25 Minuten lang dampfgaren. Danach fünf Sekunden lang auf Stufe 4 zerkleinern.

2 Die restlichen Zutaten dazugeben und auf Stufe 5 ca. 15 Sekunden lang pürieren.

3 Falls die Soße flüssiger sein soll, einfach noch etwas Wasser unterrühren.

AVOCADO-DRESSING

1 Gl.

3 Min.

Leicht

Zutaten

1 Avocado
120 g griechischer Joghurt
50 ml Olivenöl
2 Knoblauchzehen
2 TL Zitronensaft
1 Prise Salz

Nährwerte p. P.

503 kcal
6 g Kohlenhydrate
49 g Fett
5 g Eiweiß

1 Den Knoblauch schälen und fünf Sekunden auf Stufe 6 zerkleinern.

2 Die Avocado halbieren und entkernen.

3 Alle Zutaten in den Mixtopf geben und auf Stufe 5 ca. fünf Sekunden lang pürieren, bis die gewünschte Konsistenz erreicht ist.

Tipp: Dieses Dressing ist universell einsetzbar und schmeckt beispielsweise besonders gut zu Salat oder Ofenkartoffeln.

CURRYSOßE

4 Gl.

30 Min.

Mittel

Zutaten

150 g Zwiebel
150 g Gewürzgurken
1 kg passierte Tomaten
500 g Tomatenketchup
70 g Tomatenmark
60 g Butter
40 g Zucker
20 g Apfelessig
1 Würfel Fleischbrühe
4 EL Currypulver
1 EL Honig
2 TL Salz

Nährwerte p. P.

255 kcal
64 g Kohlenhydrate
1 g Fett
3 g Eiweiß

1 Die Zwiebeln schälen und gemeinsam mit den Gewürzgurken in der Küchenmaschine fünf Sekunden lang auf Stufe 6 zerkleinern.

2 Die Butter und den Zucker dazugeben und bei 90 °C eine Minute lang anschwitzen. Das Tomatenmark und das Currypulver dazugeben und zwei Minuten lang mit andünsten.

3 Die restlichen Zutaten dazugeben und bei 100 °C unter ständigem Rühren 15 Minuten lang kochen.

4 Alles pürieren.

FRISCHKÄSE

1 Port.

100 Min.

Mittel

Zutaten

500 ml Vollmilch
15 g Crème fraîche
1 Knoblauchzehe
3 EL Schnittlauch
1 EL Weißweinessig
Salz
Pfeffer

Nährwerte p. P.

397 kcal
27 g Kohlenhydrate
24 g Fett
17 g Eiweiß

5 Die Milch im Kochtopf unter ständigem Rühren 14 Minuten lang bei 90 °C erwärmen.

6 Den Weißweinessig unterrühren und bei 60 °C sechs Minuten lang köcheln lassen.

7 Ein Sieb mit einem Mulltuch auslegen und in eine Schüssel legen. Die Masse aus der Küchenmaschine vorsichtig sieben und 15 Minuten abtropfen lassen. Von nun an wird nur der Teil benötigt, der in dem Sieb geblieben ist.

8 Die Masse aus dem vorherigen Schritt mit der Crème fraîche und etwas Salz auf Stufe 7 ca. 30 Sekunden lang verrühren.

9 Die restlichen Zutaten dazugeben und erneut verrühren, bis alles gut vermischt ist. Mit Pfeffer und Salz abschmecken.

10 Den Frischkäse mindestens eine Stunde lang kaltstellen.

Tipp: Weihnachtliche Schokotrüffel erhalten Sie, indem Sie das Chilipulver durch Zimt, Sternanis, Kardamom und gemahlener Tonkabohne ersetzen. Auch fein ist etwas Whiskey oder Rum im Rezept.